Olhar Feminino

Ricardo Lordes

Olhar Feminino

A publicidade que as mulheres querem ver

MATRIX

Direitos em língua portuguesa para o Brasil:
Matrix Editora – Tel. (11) 3868-2863
atendimento@matrixeditora.com.br
www.matrixeditora.com.br

Diretor editorial:
Paulo Tadeu

Diagramação:
Alexandre Santiago

Revisão:
Mariana Munhoz
Adriana Wrege

Dados Internacionais de Catalogação na Publicação (CIP)
SINDICATO NACIONAL DOS EDITORES DE LIVROS, RJ.

Lordes, Ricardo
Olhar feminino / Ricardo Lordes. - São Paulo : Matrix, 2012.

1. Publicidade 2. Relação humana. I. Título.

12-6351.

CDD: 659.1
CDU: 659.1

Às mulheres, evidentemente – por tudo.
E aos homens pelo resto – o futebol.

Afinal, o que quer a mulher?

Sigmund Freud

Sumário

A farda, o fardo 11
De mãe para filho 17
Tempo ao tempo 33
Conto de fadas 57
Consciência leve 77
Chefe e *chef* 89
Vida a dois 103
Anonimato e fama 117
Pontos finais 135
Campanhas 145
Créditos 169

A farda, o fardo

O primeiro homem a sair da caverna estava apaixonado. Intuiu que conquistar o mundo o ajudaria a conquistar a mulher. Como deu certo, logo foi seguido pelos demais – senão, estaríamos lá até hoje.

Já eu, querendo impressionar a garota por quem me apaixonei no colégio, fui para a caserna, para o quartel, talvez por ter lido em alguma aula o poema do Mario Quintana: "Se dependesse das mães, não haveria guerras / Mas as filhas preferem os soldados".

Aquela menina parecia mesmo preferir: havia namorado em sequência dois soldados do Exército. Eu tinha 14 anos, seria demais esperar até os 18 pelo alistamento militar e ainda ter de esperar mais um ano pela convocação. Fora que ainda havia o perigo de ser dispensado por excesso de contingente.

A fim de ganhar tempo e não ficar dependendo da sorte, bolei um plano. Estudei enlouquecidamente por um ano, prestei concurso e fui um dos duzentos aprovados entre 14.641 candidatos para a Escola Preparatória de Cadetes do Exército. Assim, aos 16 anos recém-completos, eu era hierarquicamente superior a todo e qualquer soldadinho que pudesse cruzar o caminho da garota.

Cabelo cortado, farda engomada, sapato engraxado, peito estufado, dei lá meu jeito, nada casual, de encontrá-la casualmente.

E ela não quis namorar comigo.

Só muito depois eu fui entender que ela não havia se interessado pelos outros dois por serem soldados, mas por terem 19 anos. Para ela, eles eram homens maduros, enquanto eu era verde como a minha farda.

Fiz 19 anos e fui para a Academia Militar das Agulhas Negras. E começamos a namorar, finalmente.

Para minha sorte, desde o primeiro dia eu passei a amar também o Exército – e sempre amarei, pelo muito que aprendi e pelos amigos que fiz e tenho por lá até hoje. Só que, com o fim do regime militar, as vacas ficaram magras nos quartéis – e elas nunca haviam sido lá muito gordas. Era gravíssimo: o orçamento mal dava para as refeições dos soldados, coisa difícil de engolir.

Desmotivado, pedi desligamento e voltei para São Paulo. Decidi ser publicitário e fui estudar na ESPM.

Uma mudança e tanto, não?

Nem tanto. Mudança mesmo foi me ver, anos depois, diante de um pedido de criação da campanha de lançamento da linha Natura Mamãe e Bebê.

Para quem havia aprendido a ser homem em escolas militares – e não havia uma única mulher na AMAN, nem como professora –, como eu, logo eu, poderia criar uma campanha para algo tão umbilicalmente ligado às mulheres?

Há tema mais feminino que a maternidade? Se você vir uma roda com dez mulheres, pode apostar que no centro há um bebê. (Se forem dez homens, pode apostar que no meio há uma *Playboy*.)

Este livro conta a história de como consegui criar essa e outras campanhas que fizeram sucesso com o público feminino.

Nunca criei sozinho, claro. No capítulo final, vão os nomes das pessoas que foram decisivas em cada *case* e que nem sempre me foi possível citar durante a narrativa. A elas, desde já, meu obrigado.

Eu não pretendo dar dicas, lições, métodos, nada disso: pode ficar tranquilo. Pretendo apenas dividir um pouco do que passei e do que pensei ao criar cada uma dessas campanhas. Creio que isso possa inspirar os leitores em geral – e os homens em particular – que fazem *marketing* e propaganda para as mulheres.

Para encerrar esta introdução, já digo que meu único mérito foi o de sempre partir do princípio de que eu não as conhecia de verdade – como Freud, que admitiu ter fracassado completamente em responder à pergunta "afinal, o que quer a mulher?".

Admitir sua ignorância não é fácil para ninguém, mas é ainda mais difícil para um publicitário – profissional generalista por dever e que, por ser tão generalista e por crer que sempre esperam dele uma opinião nova e inteligente, acaba com aquele ar de sabe-tudo que irrita até os amigos. Diante do desafio de criar para a mulher, fiquei em paz com minha ignorância e me coloquei como um sabe-nada.

Isso foi decisivo, estou certo. E nem machucou meu ego. Até porque eu estava com Freud.

De mãe para filho

O *briefing* era simples: criar a campanha de lançamento da linha Natura Mamãe e Bebê.

Simples não quer dizer fácil. É até o contrário, aliás. Para começar, havia uma palavra-chave: vínculo. Vínculo?

Li com atenção, reli com atenção várias vezes e a certa altura eu já havia gravado (eu não disse entendido, hein?) que vínculo era a ligação entre a mãe e o filho. Uma ligação que se estabelecia ainda no útero e que influenciaria a vida dele do primeiro ao último dia.

Interessante, mas... o que aquilo tinha a ver com uma linha de produtos para gestantes e bebês? De novo, o *briefing*: o toque era uma forma poderosa de fortalecer o vínculo. Ao tocar o bebê, mesmo enquanto passava um creme na barriga ainda durante a gestação, ou após o parto, enquanto fazia uma massagem chamada "Shantala", a mãe fortalecia o vínculo com seu filho. Um vínculo forte com a mãe era fundamental para que a criança crescesse mais apta a se relacionar bem consigo mesma, com o outro e com o mundo.

Achei interessante, mas complexo demais para minha cabeça de homem de vinte e poucos anos. Hoje, creio mesmo que, sem ser pai, nenhum homem conseguiria compreender aquele conceito por inteiro. Algumas coisas só compreendemos vivendo – felizmente.

Comecei a rascunhar a campanha. Selecionei uns vinte títulos de anúncio e fui apresentar ao meu chefe, o Ricardo Guimarães – que era dono da Guimarães, a agência de comunicação que atendia a Natura. Ele leu as vinte frases, olhou para mim, devolveu os papéis e disse, gelidamente:

– Tá frio!

No dia seguinte, um sábado, acordei cedo, peguei caneta e papel e fui trabalhar na piscina do prédio. Trabalhei o sábado e o domingo inteiros, me sentindo desafiado por meu chefe não ter aprovado absolutamente nada do que eu havia criado.

Na segunda-feira, cheguei cedo e fui apresentar a ele uns cem títulos datilografados – que selecionei dos duzentos ou trezentos feitos no final de semana.

Ele leu um por um, olhou para mim, devolveu os papéis e disse, calorosamente:

– Tá esquentando!

Você pode imaginar minha cara, não? Depois de todo aquele empenho, o desempenho era sofrível. Eu já começava a achar que seria mais produtivo passar a campanha para uma mulher criar, não fosse um único detalhe: não havia nenhuma mulher na Criação. Ou eu fazia ou outro homem faria, o que seria muito vexatório.

Mais preocupado a cada minuto, fui para uma sala com o meu diretor de arte, o Ciro Girard. Passamos horas conversando, pensando em outras abordagens, até que me veio um *insight*. Dos mais aterrorizantes, aliás: como eu poderia escrever com propriedade sobre a maternidade se eu não era mãe? Aliás, pior: se nem mulher eu era? Eu precisava encontrar um texto inspirador. Isso: um texto que revelasse o tal do vínculo entre mãe e filho. Algo como, como... Uma carta. Isso, uma carta de uma mãe para seu filho já crescido, em que ela falasse da história deles e que demonstrasse a força daquela relação, a força do tal vínculo entre mãe e filho.

Só havia um problema, de ordem prática: onde encontrar o texto, onde encontrar uma carta daquelas? Em um livro, talvez? E por acaso existiam livros de cartas de mães para filhos crescidos?

A resposta me veio imediatamente, com aquela descarga cerebral que nos cega por alguns milésimos: em minha casa, no meu quarto, dentro do meu armário, na primeira gaveta do lado direito. Eu tinha a carta! Meses antes, minha mãe havia escrito uma carta exatamente como aquela para mim, como presente de aniversário.

Aconteceu assim: apesar de alguns amigos não terem notado a coincidência, naquele ano meu aniversário caiu de novo em 17 de dezembro. Cheguei em casa e não havia ninguém. Achei uma certa falta de consideração que nem minha própria mãe estivesse ali para me dar um beijo de parabéns. Logo eu, que havia desistido de morar sozinho para poder curtir um pouco mais minha mãezinha – até por eu ter saído de casa muito cedo, para estudar no Exército. Já formado em publicidade, trabalhando e até ganhando um bom salário, decidi voltar para a casa dela. E para quê? Para ela nem estar lá no dia do meu aniversário? Fui para o meu quarto, com um ponto de interrogação. Ao abrir a porta do armário, encontrei uma carta. Entendi que minha mãe havia saído só para que eu a pudesse ler sozinho. Li e fui me emocionando com as imagens que iam de seu útero àquele quarto silencioso. Só quando terminei, vi que ela já estava em pé à porta, com o mais belo sorriso de mãe. Como descendemos de italianos, o resto você pode imaginar.

Contei a história ao Ciro, que gostou do caminho.

Tivemos então a ideia de colar uma carta no anúncio, algo que nunca tínhamos visto. O texto base seria o texto da carta da minha mãe – que, claro, tinha muito mais autoridade para escrever sobre o assunto do que eu. A carta seria a mais perfeita tradução do vínculo que havia inspirado a Natura. Era só pôr uma foto bonita e pronto.

À noite, "reescrevi" a carta, ao som de "Gabriel's Oboe", do Ennio Morricone, para que a música me ajudasse a dar ritmo ao texto. Na verdade, apenas cortei frases que a particularizavam e que a alongavam demais para um anúncio ou para um comercial de TV.

E o texto da carta da campanha ficou assim:

Filho,

Vinte anos atrás, eu era apenas uma menina com mil perguntas, todas sem resposta.

Vivia ajeitando o vestido, que teimava em ficar mais curto, pela imensa barriga que eu exibia com orgulho.

Naquela noite, as dores do parto.

A dilatação, a força ansiosa e finalmente... você.

Você nasceu lindo, em plena madrugada.

O primeiro toque, a primeira mamada, o caminho de casa.

A cada dia você era um pouquinho mais meu, embora também fosse cada vez mais do mundo:

a primeira escolinha, a primeira viagem sozinho, a primeira namorada.

Hoje, mais do que nunca, sei que é ótimo ter você comigo, nos erros e acertos, nos bons e maus momentos, até mesmo nas briguinhas bobas que às vezes temos – e que todos têm, porque assim é a vida.

Feliz aniversário, filho.

E que você continue sendo essa pessoa maravilhosa que eu tive a felicidade de pôr no mundo.

Com todo o amor,

Eu, sua mãe

Eu realmente seria incapaz de escrever esse texto, porque nem sequer conhecia a palavra "mamada". E essa era uma palavra que gerava uma conexão imediata, fosse com uma grávida, fosse com uma mãe de recém-nascido, fosse com a mãe de um filho já adulto.

Marcamos o *layout* da campanha e fomos apresentar à Natura. Eles adoraram, ficaram mesmo emocionados. Porém, um diretor, que eu jamais havia visto durante o ano em que já atendia a marca, olhava tudo com certo distanciamento. Ele esperou que os demais terminassem de elogiar e disse – educada, mas seriamente:

– Vocês dizem aí no texto do anúncio que essa carta foi escrita por uma mãe "de verdade". Gostaria de saber uma coisa, se me permitem: onde vocês encontraram essa carta?

Surpreso pela pergunta, que demonstrava um respeito à fidedignidade que até então eu nunca vira em publicidade, respondi, tentando não parecer um filho coruja demais:

– Essa carta foi escrita pela minha mãe, para mim. Estava em uma gaveta lá de casa, me lembrei dela e todos nós achamos que seria uma forma lírica de demonstrar o vínculo que une mãe e filho.

Ele sorriu, aliviado. E encerrou dizendo, com simpatia:

– Então, parabéns. Pela campanha, que ficou linda. E pela mãe, que escreve muito bem. Já sei a quem você puxou...

Confesso que não sei se gostei mais do elogio ao nosso trabalho ou ao texto da minha mãe – que, de fato, sempre escreveu bem e que me ensinou a escrever de uma forma muito didática: rasgando centenas, milhares de redações escolares e me obrigando a fazer coisa mais apresentável, até ela gostar – o que costumava demorar.

Ao final da reunião, olhei para o cartão que recebera do diretor: Marcelo Araujo. Ele passaria a estar na maioria das reuniões de comunicação a partir de então – e sempre com um ponto de vista que nos permitiria criar com segurança coisas que poucos clientes teriam a ousadia de aprovar.

A produção dessa campanha foi um capítulo à parte. E, sem que notássemos, apontava para o futuro da comunicação da Natura.

Contratamos um famosíssimo fotógrafo para clicar a imagem da mãe com o filho. Semanas depois, ele apresentou o trabalho. Decepção completa. Tecnicamente, a foto estava perfeita: luz, composição, enquadramento, tudo. Porém, não havia clima algum de mãe e filho – não havia logo o essencial. A razão? Simples: a "mãe" que escolheram para a foto era uma modelo e o "filho" era um bebê que ela jamais havia visto. Por isso, a modelo mal tocava no bebê, com aquele famoso "medo de quebrar", sabe? Olhando isso hoje, em retrospecto, fica óbvio que não daria certo fotografar uma encenação. Porém, esse era o padrão de produção publicitária em meados da década de 1990 – no país e no mundo. Aliás, é assim que muitos fazem ainda hoje.

Era preciso refazer a foto. O fotógrafo discordou e, talvez temendo não acertar novamente, abriu mão do trabalho. Com o prazo estourando, tivemos que encontrar às pressas outro nome que nos socorresse. E veio o André Andrade, que nem era um dos fotógrafos mais famosos do mercado, mas que era muito talentoso e tinha tudo para estourar – como aconteceu.

Pensando no problema, imediatamente o André teve uma ideia: e se ele fotografasse uma modelo que era amiga dele e que havia acabado de ter um menino? Aceitamos a sugestão, apesar de não termos a menor certeza de que funcionaria. André programou tudo para o dia seguinte e fez os cliques. Perfeito: em todos havia a relação de "mãe e filho", obviamente. Eles realmente eram mãe e filho, por que não haveria?

(A modelo se chamava Fabiana Scaranzi. Anos depois, ela se formaria em jornalismo e estaria nos telejornais da Globo e da Record.)

O filme nos trouxe outra grande surpresa. Íamos filmar com o Walter Salles – que, ao receber o roteiro, enviou uma mensagem (por fax, lembra dele?) dizendo que considerava o roteiro "um dos melhores e mais bem escritos" que ele havia visto em muitos anos na publicidade brasileira. Um elogio e tanto para um redator que fazia seu primeiro filme na agência e que estava mesmo precisando de um cartaz, depois de demorar tanto para encontrar uma ideia digna do nome.

O filme acabou só entrando em produção meses depois, quando o Waltinho já estava produzindo seu segundo longa--metragem, *Terra Estrangeira*. Ele não pôde filmar, mas indicou outro diretor: era mais um jovem talentoso (como era o fotógrafo, quero dizer), o Andrucha Waddington, que fez um filme lindo e em poucos anos se tornaria um dos melhores diretores de filmes de publicidade do Brasil – e ainda faria *Eu, Tu, Eles*, *Casa de Areia* e outros longas de aplaudir de pé.

A campanha foi ao ar, em TV fechada e em revistas, e aconteceram coisas surpreendentes – pequenas e grandes.

Uma pequena: certo dia, fui ao cabeleireiro. Na sala de espera, vi a edição da revista *Claudia* em que o anúncio havia sido publicado. Abri direto nele e surpresa: cadê a carta? Para que alguém destacaria uma carta de um anúncio? Para ler para alguém, para reescrevê-la para o próprio filho, para quê? Fosse pelo que fosse, era elogio. Um elogio anônimo e involuntário, mas que me emocionou.

Outra surpresa, essa das grandes. Uma pesquisa encomendada pelo cliente fazia a seguinte pergunta às mães: se você tivesse que se ausentar de sua casa por algumas horas, com que empresa preferiria deixar seu bebê, com a Natura ou com a Johnson? Resultado: 64% para a Natura e 36% para a Johnson. Veja bem: a Johnson – sim, aquela empresa do "Bebê Johnson".

É difícil ambicionar um prêmio maior que esse: em um ano, ajudar uma marca a ser mais confiável e mais querida que a líder de mercado por décadas, quase sinônimo de categoria.

Em breve, a Natura Mamãe e Bebê me desafiaria mais algumas vezes. Três anos depois, em abril de 1997, essa foi a linha escolhida para inaugurar o "Espaço Natura" na *Veja*. Era uma peça de seis páginas: na primeira, falávamos sobre a visão de mundo da empresa. As quatro páginas seguintes eram um encarte em papel especial. Nelas, falávamos sobre os produtos propriamente ditos. Na última página, falávamos sobre os bastidores da criação da linha, com informações que não cabiam em um anúncio tradicional, mas que uma gestante ou uma mãe com bebê certamente encontraria tempo para ler – porque para ler isso, mesmo que não tenham, elas criam tempo.

O anúncio tinha um título provocativo:

Que mundo vamos
deixar para nossos filhos?
E que filhos vamos
deixar para o mundo?

Essas mesmas perguntas estavam no começo do filme, que estreou naquele mesmo final de semana, no *Fantástico*.

Meses depois, já em 1998, a Natura foi eleita "A Empresa do Ano" pela revista *Exame*.

Foi um prêmio merecido, sem dúvida, mas um tanto inesperado. Ao ler o texto que anunciaria a vencedora, Joelmir Beting, o mestre de cerimônias, deixou em suspense o nome da eleita. Fez apenas uma introdução. De repente, no telão acima dele, para revelar a empresa escolhida, exibiram o comercial de Natura Mamãe e Bebê, que começava com as perguntas sobre o mundo e os filhos.

Em meio às palmas daquela plateia formada por grandes empresários de todos os setores da economia brasileira, quase todos homens, víamos pela primeira vez uma empresa ser considerada a empresa do ano não só por ser competente, mas também por ser consciente. Aquele filme me pareceu simbolizar o nascimento de um novo modo de avaliar uma empresa – e desejei que esse novo jeito tivesse vida longa. Desde então, já ouvi essa frase ser repetida até por banqueiros, o que me deixou muito feliz.

Para terminar o capítulo de Natura Mamãe e Bebê, uma última campanha – para mim, muito especial. Em maio de 1998, faríamos outro encarte da linha na revista *Veja*. Estava tudo aprovado – exceto um texto, o da página central do anúncio, logo o mais importante de todos.

Eu escrevi umas seis versões e foram todas reprovadas – algo que dificilmente me acontecia, pois eu já conhecia bem o estilo Natura. Na noite do dia 11 de maio, escrevi em casa mais uma versão e a enviei para o atendimento da agência.

Horas depois, eu estava no centro cirúrgico de uma maternidade – com minha esposa à época, Denise.

Para quebrar o gelo, o anestesista perguntou a ela:

– É seu primeiro filho?

Ela respondeu que era o terceiro (pois já tinha o Frederico e a Amanda, de seu primeiro casamento).

De madrugada, nasceu a Gabriela. Chorei muito, um Amazonas. Precisei sair da sala para me recompor. Depois soube que, quando saí, o anestesista disse ao obstetra:

– Poxa... Terceiro filho e o cara ainda chora assim?!

Ele não percebeu que a Gabriela era o terceiro filho da Denise, mas o meu primeiro. Se fosse uma anestesista mulher, aposto que ela teria percebido.

Gabriela nasceu às 5h18. Em seguida quem nasceu foi o sol, com uma notícia: a sétima versão do texto também havia sido reprovada. E era preciso resolver naquela mesma manhã, pois toda a produção estava parada, aguardando apenas aquele texto.

Peguei papel e caneta, sentei sozinho no *hall* do hospital.

É claro que mentalizei o parto a que eu havia assistido horas antes. Lembrei da emoção de ter visto pela primeira vez aquela menina que já se parecia tanto comigo – e cujo formato das unhas da mão, tão feminino, me fez entender que ela não era uma menina: era uma mulher, só que ainda bebê.

De repente, escrevi, de uma vez só:

E o bebê chegou ao mundo.
Via a luz, respirou o ar, ouviu as vozes na sala de parto.
E conheceu o calor e o abrigo das mãos de sua mãe.
É só olhar para sentir que nelas ele está em paz.
E este é o grande poder dessas mãos.
Os bebês que são tocados e massageados desde cedo
se desenvolvem melhor, física e emocionalmente.
E crescem mais aptos a serem felizes,
A gostarem de si mesmos, do outro e da vida.
Quem cresce e vai para o mundo gostando da vida,
só tem motivos para amar e respeitar o mundo.
E para ajudar a transformá-lo em um lugar tão seguro,
gostoso e redondo quanto a barriga da mamãe.

Quando terminei de escrever, os amigos começaram a chegar à maternidade para visitar a mãe, o bebê – e, vá lá, o pai.

E eu me vendo naquela: com uma filha recém-nascida na maternidade e uma campanha para nascer na agência.

E a campanha já começava a virar outro parto.

Ainda era o tempo da internet discada, das conexões com fio, lentas para conectar, rapidíssimas para cair. Passei um longo tempo nessa operação de emergência em pleno hospital, tentando enviar o texto para o atendimento da agência.

Só algum tempo depois, vi o que você já deve ter visto: o texto era curto, apenas 13 linhas. Era só ligar para a agência e pedir que anotassem, evidentemente.

Pelo menos eu tinha a desculpa daquela noite em claro para me justificar, já não estava mesmo raciocinando direito. Essa é uma justificativa que só aceitam em ocasiões muito raras e muito especiais, como quando temos um filho, por exemplo. Como não é sempre, temos mais é que aproveitar.

Texto enviado, pude enfim descansar – não sem antes rezar para que daquela vez gostassem e aprovassem.

O cliente aprovou assim que chegou ao ponto final. Aproveitou a oportunidade e pediu que me dessem um recado: que, agora sim, eu sabia sobre o que estava escrevendo.

Era uma brincadeira, é claro. Ao mesmo tempo, também não deixava de ser verdade. Uma grande verdade, grande como passa a ser a nossa capacidade de amar quando finalmente nos tornamos pais, nos tornamos mães.

Aquele texto foi o primeiro que escrevi após viver essa experiência – quis o destino que fosse assim, justamente para aquela linha de produtos que ajudei a pôr no mundo.

Um texto que foi escrito com vida.

De pai para filha.

Veja as imagens da campanha na página 146

Tempo ao tempo

Só existe um tema que mexe tanto com as mulheres quanto a maternidade: a idade.

E com uma diferença dramática, inclusive. Enquanto a maternidade vem do amor e do sexo, o passar dos anos é em si o fim gradativo de tudo isso – e também do poder de gerar uma nova vida.

Publicitariamente falando, é sem dúvida o tema mais delicado de abordar com as mulheres. Não publicitariamente falando, também.

Pois foi exatamente esse o segundo desafio que me apareceu com o público feminino.

A Natura lançou a linha Chronos em 1992. De cara, trouxe duas inovações.

Primeiro, propunha que a linha não era "anti-idade", mas "antissinais" – justamente para não alimentar ainda mais a relação conflituosa das mulheres com a idade.

A segunda inovação era que a campanha trazia apenas a foto dos produtos – e um texto que falava sobre "a mulher bonita de verdade, que não cabia em estereótipos ou ideais de perfeição, que vivia seu tempo e mudava com ele". Não havia imagens de modelos, praticamente obrigatórias em anúncios de cosméticos, por uma razão filosófica.

Luiz Seabra, o fundador da Natura, ponderava que fotos com modelos reforçariam a percepção de que "só quando jovens as mulheres são bonitas", e uma modelo, por definição, era jovem. Nos anos 1990, elas passaram a fazer sucesso cada vez mais cedo, a partir dos 13 ou 14 anos. Assim, "ao veicular um anúncio com uma modelo, estamos na verdade prestando um desserviço às mulheres a quem queremos servir com Chronos".

Difícil não admirar esse ponto de vista, concorda?

Só que na prática havia um problema: os anúncios ficavam frios, porque os produtos eram brancos, os fundos eram brancos. No primeiro momento, o problema não despertou preocupações.

Até que surgiu outro problema, chamado Avon. (Foi justamente nessa época que comecei a atender a Natura. O desafio de falar com as mulheres sobre a idade, que já não era pequeno, ficava ainda maior. Você já vai entender quanto e por quê.)

Em 1993, a Avon contratou uma nova agência, a DPZ. Aumentou em muito sua verba de comunicação. E iniciou uma campanha de reposicionamento da marca, com filmes quentes, emocionais.

Depois, lançou Renew, de modo muito inteligente.

Primeiro, veiculou publieditoriais em todas as revistas femininas apresentando apenas o ácido glicólico, um ingrediente inovador e que já fazia sucesso pelo mundo. Só quando o ativo começou a ser comentado pelas mulheres foi que lançaram Renew – "o único anti-idade com ácido glicólico".

Essa estratégia foi muitíssimo bem-sucedida, porque conseguiu fazer com que o desejo pelo ingrediente superasse até mesmo a altíssima rejeição pela marca, que ainda era tida como antiquada, pouco tecnológica e popular demais.

O primeiro anúncio de Renew trazia a foto do produto (que não era todo branco, tinha uma tampa azul-escura que deixava o conjunto fotogênico) e o título "Máquina do tempo". Os demais anúncios traziam fotos de modelos e títulos que de algum modo prometiam fazer voltar as folhas dos calendários.

Foi um grande sucesso, que atingiu fortemente o produto-símbolo da Natura, o Chronos.

Ficou claro que tínhamos um problema grave de formulação e outro igualmente grave de comunicação.

O primeiro problema era com a turma de Pesquisa e Desenvolvimento. Os laboratórios da Natura começaram a trabalhar e encontraram a saída em alguns meses, com a adoção dos alfa-hidroxiácidos. Era um ativo muito eficiente, mas evidentemente menos famoso que o ácido glicólico.

Ao mesmo tempo, a agência começou a pensar na comunicação.

Numa primeira fase, estimulado pela nova formulação, criei um conceito que acabou acompanhando a linha por mais de uma década: "Chronos. O antissinais que não para no tempo".

Era uma promessa de evolução contínua, que a área de tecnologia conseguiu cumprir fielmente a partir de então. Era também uma contraposição ao conceito da máquina do tempo, reforçando nossa posição de que não é possível, tampouco desejável, parar o tempo ou fazer com que ele retroceda.

Lançamos uma campanha com esse novo conceito e com fotos do produto em fundos mais vivos, mais coloridos. O resultado agradou à agência e ao cliente – mas não muito, todos sabíamos que ainda não era uma solução definitiva.

O problema de não ter modelos na campanha persistia.

A comunicação da Avon aparecia mais por causa disso e também porque a verba de comunicação deles era mesmo maior que a da Natura. Houve anos em que chegou a ser duas vezes maior, até porque o próprio faturamento da concorrente também era o dobro. Fora isso, o número de revendedoras da Avon chegava a ser três ou quatro vezes maior – o que lhes permitia atingir diretamente um número muito maior de consumidoras com folhetos e com amostras, que são instrumentos com grande poder para alavancar vendas no segmento cosmético.

Um dia, meio que na base do estudo exploratório, meio que quase vencidos pela dura realidade, criamos algumas campanhas com modelos e fizemos grupos de pesquisa com as consumidoras.

Precisávamos no mínimo testar esse caminho, que era adotado por todas as marcas do segmento no mundo. Por mais que você confie na sua intuição ou na sua visão, há um momento em que precisa considerar impossível que todos os concorrentes do mundo estejam errados. (A rigor, eles não estavam: é que sempre pode haver mais de uma forma de estar certo – o difícil é encontrar a melhor forma para você.)

Na pesquisa, aconteceu algo que não esperávamos: as entrevistadas rejeitaram o uso de modelos nas campanhas e deram respostas como: "Ah, mas agora até a Natura vai usar modelos?".

A boa notícia era que as consumidoras percebiam que não usávamos modelos e, de certa forma, compreendiam e até admiravam nossa postura.

A má notícia é que vimos que não dava para voltar atrás – nós mesmos havíamos fechado essa porta e as mulheres viam com bons olhos a postura da marca.

O que fazer?

Só com fotos de produtos, nós não gostávamos – e a Avon crescia. Com fotos de modelos, eram as mulheres que não gostavam – e a Avon crescia usando modelos.

Na prática, contavam com um ativo de comunicação cuja eficiência era comprovada mundialmente, mas que já não nos era mais permitido usar, pelas mesmas consumidoras.

A saída então nos apareceu, e pareceu extremamente óbvia: usar fotos de mulheres que não fossem modelos, mas consumidoras reais do produto, com 30 anos ou mais, conforme a recomendação de uso da linha, e com as rugas que elas eventualmente tivessem, sem retoques de Photoshop, sem manipulações de qualquer espécie.

A ideia era radicalizar nossa posição, adotando visualmente a "verdade em cosmética", que era o *slogan*, o conceito de comunicação da Natura naquele tempo. Era preciso que a estética da marca ajudasse sua ética a transparecer.

Sabíamos que era arriscado, ninguém havia feito isso em lugar nenhum do mundo, nem mesmo a marca inglesa Body Shop, tida como arrojadíssima em sua comunicação.

Só que não víamos alternativa: era preciso tentar. Ali poderia estar a solução quente e definitiva que procurávamos.

Não, não se anime, leitor. Deu tudo errado.

Ao apresentarmos a campanha com consumidoras no lugar de modelos, a desaprovação foi unânime em todos os oito grupos. E pior, muito pior do que isso: a reação foi silenciosa. Foi constrangida ao extremo e extremamente constrangedora.

As mulheres no máximo diziam um "não" em volume mínimo e balançavam a cabeça, vagarosamente.

Era uma apatia irreversível, que revelava a total falta de empatia com o que estávamos apresentando. Eu nunca havia visto e nunca mais voltei a ver uma reação daquelas.

A moderadora da pesquisa insistia, as estimulava a dizerem o que pensavam, mas ninguém se manifestava. E foi assim em todos os sete primeiros grupos. No oitavo e último, uma das mulheres começou a se mostrar particularmente inquieta. Cada vez mais inquieta. Até que não aguentou e disse isto – exatamente isto:

– Olha… Como vou dizer? É o seguinte: essa propaganda aqui é um equívoco. Para ser bem sincera, eu detestei. De-tes-tei. Sabe o que é? Quando eu estou lendo uma revista, eu estou relaxando. Eu estou a fim de me distrair, de respirar, de esquecer do dia a dia e dos meus problemas. Eu não estou nem um pouco a fim de lembrar que tenho rugas, que eu estou ficando velha, que os homens cada vez menos vão se interessar por mim, que eu estou cada vez mais perto do fim. Então, por favor, não me venham com essa conversa nessa hora! Eu prefiro ver aqueles anúncios que dizem que fazem milagres, aquele mundinho cor de rosinha. Eu sei que é uma bobajada, claro, é óbvio que eu não acredito, mas não me afeta, eu viro a página e acabou. Agora, essa propaganda aqui, não... Essa mulher com rugas no rosto, essa mulher aqui sou eu! Isso não é um anúncio: é um espelho. Muito obrigada, mas espelho eu já tenho em casa. Eu até sei que a intenção é boa e coisa e tal, mas podem parar... Por favor, não venham me aborrecer com essa conversa séria, pesada, dolorosa, justamente na hora em que eu estou lendo minha revista... Eu não leio revista para isso, para me deprimir. Faz assim: diz lá para o rapazinho que fez isso, que ele não está entendendo nada. Diz que ele não sabe do que está falando, por favor...

As demais consumidoras concordavam, visivelmente. E continuaram a não dizer nada. Até porque não havia mesmo mais nada a dizer.

Àquela hora, quase nove da noite, só restava eu na sala escura, assistindo à dinâmica de grupo por trás do espelho – para minha sorte, aliás, pois só o termo *rapazinho* já era muito desmoralizante: eu estava envergonhado sozinho, imagine se houvesse outras pessoas ouvindo aquilo.

O *rapazinho* resumia como eu havia sido incompetente naquele projeto, o *rapazinho* me desmascarava. A mulher nem cogitara a hipótese de que a campanha tivesse sido criada por uma mulher jovem, talvez por um homem experiente. Não: para errar tanto, só podia mesmo ser um *rapazinho* – o que eu de fato era, já que não tinha idade nem para usar o produto. Foi um grande tapa na cara, que em pouco tempo eu passaria a agradecer, muito e para sempre.

Saí da pesquisa para um beco sem saída.

Cheguei em casa e sentei-me na varanda: e agora, o que fazer? Se usávamos modelos, as mulheres não gostavam. Se usávamos mulheres reais, elas também não gostavam, por causa das rugas.

Foi só então, ao ouvir a palavra "rugas" em meu pensamento, que entendi o erro, o erro que havia escapado a todos nós. Um erro brutal, que provocou aquela reação brutal.

Os anúncios tinham um enquadramento no rosto – que é onde se aplica Chronos. Só que em um anúncio de página dupla, o *close* deixava o rosto da mulher maior do que era na realidade. E as rugas, portanto, também ficavam maiores do que eram de verdade – e, por isso mesmo, ficavam chocantes.

Corrijo: ficavam aterrorizantes. Corrijo de novo: ficavam apavorantes.

Entendi que era isso que fazia com que aquela mulher achasse que o anúncio era um "espelho" – mas, na verdade, um espelho côncavo, desses que aumentam o objeto que refletem. O tal espelho que ela mirava não mostrava o presente – mostrava o futuro, um futuro que ela não queria ver, porque mulher alguma quer ver sua imagem daqui a dez ou vinte anos. Especialmente quando está lendo sua revista, "querendo relaxar e esquecer dos problemas". Se ela quer esquecer os problemas do presente, que dirá os do futuro.

Era isso! A reação da entrevistada, que à primeira vista considerei excessivamente violenta para uma campanha publicitária, agora já me parecia lógica, natural, justificada.

Em nenhum momento ela criticara o conceito em si. Apenas mencionava recorrentemente as rugas, tão em *close*, tão evidentes, tão agressivas. Ao ver as rugas, ela via o espelho das próximas décadas e não conseguia ver mais coisa alguma, nem o conceito.

Outro problema: a entrevistada havia dito "essa mulher aqui". Percebi que mostrar uma única mulher gerava mais um ponto de escape. Ela não se sentia representada, como imaginávamos que aconteceria. Ela se sentia desafiada. Era como se tivesse que admitir para si mesma que não poderia estar naquela página, pois naquele momento ela inclusive já estava até se sentindo menos bela, estava fragilizada, o que gerava uma reação de contra-ataque à mulher do anúncio. Algo como: "Essa aqui acha que é o quê? Uma modelinho?".

No dia seguinte, cheguei à agência e narrei tudo ao diretor de arte daquele projeto, o Paulo Gozzi. (Daquele e de quase todos que viriam desde então, inclusive este livro.)

Expliquei o que havia visto e ouvido, concluindo que, na minha opinião, a saída era ele encontrar uma forma de não evidenciar tanto as rugas. Também não poderíamos ter apenas uma mulher, para evitar uma antipatia massacrante.

Paulo balançou a cabeça, pensativo. Não disse nada, como de costume. Levantou e foi até seu inseparável arsenal de revistas – rigorosamente todas as boas revistas do mundo, especialmente as femininas. E ficou lá, virando páginas, olhando, refletindo.

Eu o deixei pensando e saí para uma reunião.

Ao voltar, horas depois, encontrei-o ao computador. Ele me chamou e mostrou uma foto: várias mulheres de corpo inteiro, de braços dados, caminhando pela rua, numa atitude ousada, desafiadora – e unida. Era uma foto histórica da década de 1960, dos idos da Women's Lib.

Imediatamente vi que ele havia encontrado a solução. Paulo explicou:

– Por ter várias mulheres, é preciso afastar a câmera para que todas caibam no anúncio. Com isso, as rugas não ficam nem visíveis, muito menos evidentes, como você falou. Os braços dados vão ajudar mulheres que não são modelos a terem o que fazer com as mãos e a não ficarem sem graça diante do fotógrafo. A gente faz isso em estúdio, com roupas mais coloridas. Vai ficar bonito. O título vai aqui em cima. O produto e seu texto vão aqui embaixo – e pronto.

Era brilhante!

A ideia resolvia várias questões – mas não era apenas forma – era conteúdo também, um conteúdo poderosíssimo.

Ele fez o *layout* e fomos falar com o Ricardo Guimarães. Antes de mostrar o *layout* ao chefe, falei sobre a reação da consumidora, sobre os conflitos que ela havia explicitado ou apenas demonstrado – e apresentamos o anúncio.

Ele pegou o *layout*, olhou-o por cinco segundos e disse apenas uma palavra:

– Encontramos!

A Natura ouviu os resultados da pesquisa. Ouviu nosso ponto de vista. Viu os anúncios. Aprovou e decidiu veicular a campanha sem fazer outra pesquisa.

Foi um ato de coragem, mas também de libertação. Estávamos todos muito cansados de pesquisas e mais pesquisas, de nãos seguidos de nãos.

Era hora de pagar para ver.

Em 6 abril de 1996, um sábado, a *Veja* começou a circular com a campanha: era um anúncio de quatro páginas, dois pares de páginas duplas seguidos.

Em cada página dupla, havia oito mulheres de diferentes tipos, estilos, profissões e idades – sim, a legenda mencionava a idade de cada uma delas, quebrando mais um paradigma. Isso foi ideia do Ricardo Guimarães, quase no último minuto. Em princípio, estranhei um pouco. Temi que pudesse gerar ruído, não havíamos pesquisado aquilo. Ao colocarmos no *layout*, mudei de ideia: era mesmo um achado.

Ao todo, dezesseis mulheres apareciam de braços dados, andando em direção à câmera, sorridentes e poderosas, sob o título: "Uma mulher bonita de verdade tem nome, sobrenome e uma certeza: uma mulher bonita de verdade tem orgulho de sua idade".

No *Fantástico* do dia seguinte, lançamos o filme.

Poucas vezes vi uma campanha acontecer tão rápido, provocar tantos comentários, repercutir em tantos veículos de comunicação.

Foi avassalador: veículos de todos os setores ligando para entrevistar o cliente, para entrevistar a agência, muitas cartas e muitos telefonemas elogiosos para a Natura.

Espontaneamente, a campanha foi eleita a melhor do mês e depois a melhor do ano pela revista *Nova*. A seguir, a *About* a considerou uma das 30 melhores campanhas da década. (Para você ter uma ideia do que isso significa, todo dia são lançadas no país mais de 30 campanhas.)

Os comentários só não foram maiores que as vendas de Chronos. Foi mais que uma vitória, foi uma redenção.

Há dois pontos que merecem destaque na campanha.

O primeiro é que ela contrariou inteiramente não só o padrão de criação, mas também o padrão de produção publicitária – da mesma forma como aconteceu com o *case* de Natura Mamãe e Bebê, de que falei no capítulo anterior.

Produzir figurino, cabelo ou maquiagem de uma modelo é uma coisa. O de uma advogada, dona de casa ou florista é outra, muito diferente. Foi preciso repensar tudo.

O fotógrafo e diretor de cena Willy Biondani e sua equipe entenderam isso e foram fundo.

Os figurinos, por exemplo, exigiram que a produtora de moda fosse à casa de cada uma das dezesseis mulheres, visse o que cada uma gostava e não gostava de usar. No dia da filmagem, havia uma arara para cada mulher, para que ela escolhesse o que preferia vestir.

Tivemos o mesmo cuidado com cabelo e maquiagem: elas tinham que se sentir elas mesmas – ou tudo que era de verdade pareceria falso.

Mas, afinal, quem eram elas? Como chegamos àquelas mulheres?

Procuramos nas agendas de todos, no cliente, na agência, na produtora. Lembramos de amigas que achávamos bonitas e as convidamos. Todas estranhavam muito ao ouvir a proposta: "Eu, em uma propaganda de cosmético? Com essa idade? Vocês estão mesmo falando sério?".

Depois que essa campanha estreou, ficou fácil fazer o *casting* das seguintes. Centenas de mulheres ligavam querendo participar. Centenas não é um modo de falar, não: havia dias em que a equipe de atendimento mal conseguia trabalhar em outra coisa. O telefone tocava e elas já sabiam o que iriam ouvir: "Aí é da agência que fez a propaganda da Natura? Vocês precisam me conhecer. Eu tenho 45 anos e a minha pele..."

Elas já não tinham vergonha de falar a idade, mesmo para quem nem conheciam. Todas eram instruídas a enviar uma carta com uma foto. Enviavam mesmo, eram pilhas de cartas. Várias consumidoras foram convidadas a participar.

O segundo ponto que merece destaque foi uma ousadia calculada da Natura.

O enquadramento com as mulheres de corpo inteiro evitava o problema de evidenciar as rugas, mas não tinha o padrão visual de um anúncio de produto para o rosto.

Expliquei que iríamos por fases. No lançamento, nós as mostraríamos de corpo inteiro. No ano seguinte, da cintura para cima. Só no terceiro ano chegaríamos ao *close*, pois as mulheres já teriam entendido o conceito e não se importariam tanto com as rugas, não seria mais o fim do mundo.

E assim foi feito. No ano seguinte, 1997, as mulheres eram cinco e apareciam da cintura para cima, sob o título:

As modelos da Natura

Em 1998, era o momento de chegarmos ao *close*.

E dessa vez era preciso ser ainda mais ousado, pois o conceito já estava assimilado, quase ficando *déjà vu*.

Paulo e eu decidimos criar a campanha em um sábado, com a agência vazia. Íamos precisar de um silêncio que nos permitisse ouvir até o pensamento do outro.

Começamos a conversar sobre os perigos do *close*, que eram evidentes – e decidimos que a campanha seria em preto e branco, o que amenizaria as imperfeições da pele.

Ao mesmo tempo, ao chegar mais perto das mulheres, talvez pudéssemos chegar perto de verdade – e ouvir o que elas tinham a dizer sobre o tema. (Até então elas não falavam, apenas posavam.)

Imaginamos que o filme pudesse ser uma colagem de depoimentos – não sobre o produto, o que seria banal, mas sobre a idade, as rugas, o envelhecimento. Isso também nunca havia sido feito no mundo.

Era perigoso, mas ao mesmo tempo desafiador, excitante, irresistível. Só havia um risco: com toda a produção pronta, poderíamos descobrir só no estúdio que elas não tinham nada muito interessante a dizer. Ou que, mesmo que tivessem algo a dizer, ficariam tímidas, desconcertadas por tratar daquele tema tão delicado na frente de uma equipe com dezenas e dezenas de pessoas.

Durante a filmagem, sentei-me fora do enquadramento da câmera e entrevistei cada mulher por cerca de vinte, trinta minutos. E descobri que elas tinham muito a dizer. Era uma soma incomum de conteúdo e forma, como a frase da artista plástica Marilu Beer, de 58 anos:

– Achar que por usar um cosmético vai ficar parecida com uma modelo jovenzinha... Aí tem que fazer outro tipo de tratamento. E não é de beleza.

O mais surpreendente para mim foi descobrir que, quanto mais idade tinha a entrevistada, mais interessantes eram seus pontos de vista. Aquilo foi revelador – para mim, até como homem. Entendi como seria ter a meu lado uma mulher de trinta que faria quarenta, cinquenta, sessenta anos. Entendi que seria uma aventura incrivelmente prazerosa, física e intelectualmente.

Ah, se todos os homens pudessem viver essa experiência – e com a idade em que a vivi. Foi libertador.

Voltando à criação da campanha.

Eu sentia que ainda nos faltava um *punch*, algo que chamasse a atenção, que preparasse o telespectador ou o leitor para verem aqueles *closes*, aqueles depoimentos reais sobre temas tão delicados.

Enquanto conversava com o Paulo, mecanicamente desenhei um rosto no papel à minha frente.

Na minha cabeça, o rosto no papel era o de uma modelo – o conceito a ser superado, o que não queríamos mostrar.

Como era o que não queríamos, risquei o rosto, na altura dos olhos. E deu-se um acaso: o rabisco me pareceu uma tarja negra sobre os olhos da modelo.

Ficou inusitado. Tradicionalmente a imprensa usava tarjas como aquela para preservar a identidade de menores de 18 anos. No entanto, como as modelos eram contratadas cada vez mais cedo, muitas eram mesmo menores de idade. E logo me ocorreu um tema: "Anúncios de cosméticos antissinais com menores de idade. Isso devia ser proibido".

Paulo gostou e fez o *layout*, para vermos se funcionaria. Ele imaginou um anúncio-conceito de oito páginas: na primeira, uma página simples, que ficaria à direita nas revistas, ele colocou o rosto da modelo, com os olhos cobertos por uma tarja, onde a frase foi escrita em branco. Ao virar essa página, víamos uma página dupla com o *close* de uma mulher e uma frase dela, entre aspas, como título. Ao virar a página, outra página dupla, com outro *close* e outra frase. Ao virar mais essa página dupla, idem. Só na oitava e última página, que ficaria à esquerda na revista, víamos a foto dos produtos, com os textos mais técnicos de eficácia e uso.

Depois, fez versões de anúncios com três páginas. Na primeira, a modelo com a tarja. Na página dupla seguinte, a mulher e sua frase, o produto e os textos técnicos.

Ficou sensacional. Tão sensacional que tínhamos certeza de que era ousado demais e não seria aprovado nem mesmo pela Natura, que normalmente gostava de transgredir, como você já deve ter notado por este capítulo e pelo anterior.

Criamos mais duas opções de campanha, para o caso de realmente não aprovarem a que preferíamos, e agendamos a reunião com o cliente.

À mesa, estavam três pessoas da Natura: Marcelo Araujo, o vice-presidente comercial; Valéria Camarero, a diretora de *marketing*, e Beth Pereira, a gerente de grupo de produtos.

Contrariando minha forma de apresentar campanhas, que vai em crescendo, comecei mostrando nossa preferida logo na abertura. Em seguida, as demais.

Apresentei assim porque as campanhas haviam sido criadas nessa ordem. Costumo apresentar em crescendo porque quase sempre a última campanha criada é de fato a melhor, em geral ela é a síntese mais bem resolvida do que fizemos antes. Os clientes costumam achar que deixamos a que mais gostamos para apresentar no final apenas por tática, para facilitar a aprovação da opção que preferimos. E não: é apenas o retrato de nosso processo de trabalho, que gostamos de compartilhar porque pode ajudar na decisão.

Marcelo, Valéria e Bethinha não se manifestaram quando terminei a apresentação. Apenas ficaram olhando as pranchas sobre a mesa, organizadas por campanha.

O silêncio persistia e eu já começava a temer pelo pior, que não tivessem gostado de coisa alguma.

Marcelo começou a falar, com pausas entre as frases:

– Gostei muito. Agora, por favor, né? Essas outras duas campanhas que vocês trouxeram são boas e tal. Mas vamos combinar: a campanha mesmo é a primeira, claro!

Valéria e Beth sorriram, concordando silenciosamente. Fiquei surpreso, confesso. Ele continuou:

– A primeira é arrasadora. É uma forma muito incisiva de marcar nossa posição, de dizer no que acreditamos. Vai ser marcante, com certeza. Só vejo um problema, gente: o termo "menores de idade". Algo me diz que não...

Entendi a preocupação dele e sugeri que trocássemos para algo parecido, como "meninas de 20 anos", o que manteria a ideia, a força, a postura. Ele concordou, elas concordaram e pronto: estava aprovado. Saímos de lá rápido, para ninguém ter tempo de pensar de novo e se arrepender. Isso não iria acontecer, ainda mais com eles, mas era melhor não ficar ali esperando para ver. Vai que...

A campanha foi ao ar e repetiu o sucesso da primeira fase.

No entanto, surgiram algumas dúvidas internas, um certo temor de que podíamos ter exagerado na dose e feito uma campanha que "glorificava as rugas" – que Chronos, afinal, existia para combater.

Parecia improvável, muito improvável, mas impossível de fato não era. Não custava (muito) pesquisar, seria enriquecedor de um modo ou de outro. Estávamos trabalhando no limite, fazendo o novo de novo, todos sabíamos que existiam riscos e eles eram conhecidos, assumidos e compartilhados.

Algo extremamente reconfortante, claro. Se alguém estivesse errado, éramos todos. Se certos, idem. Um time em que todos perdem e todos ganham, como deve ser sempre. (A frase é mesmo lugar-comum, mas não se vê isso sendo praticado em muitos lugares.)

Por conta disso, pedimos uma pesquisa, mas a campanha foi mantida no ar, por um raciocínio simples e brilhante: se houvesse algo de muito errado, o mal já estaria feito; se houvesse algo de muito certo, o bem ainda não estaria completo, só viria por inteiro ao final da programação, que ainda estava pela metade.

No dia da apresentação dos resultados, a genial Rosana Couto, do instituto de pesquisas, resumiu tudo nestas frases:

– A principal medida de um filme é seu grau de persuasão. Ele mede o percentual de pessoas que efetivamente desejam experimentar o produto. Nessa categoria, um bom comercial atinge entre 30 e 33 pontos. O recordista até agora havia feito 35 pontos. Esse filme atingiu 69 pontos. Praticamente dobrou o recorde da categoria.

A análise que faziam apontava para uma mudança no mecanismo de decisão feminino. Era como se, até então, a mulher usasse um cosmético para não se sentir "tão feia".

Ao ver aquele filme, ela desejava usar Chronos para continuar se sentindo "tão bonita". Ela sentia que valia a pena se cuidar.

Lembra do começo desse capítulo, do ponto de vista do Luiz Seabra? Não era exatamente isso que a Natura desejava desde o momento em que concebeu Chronos?

Esse estilo de não usar modelos, de usar consumidoras reais, foi sendo lógica e gradativamente adotado para todas as outras linhas da Natura. E se mantém até hoje, creio mesmo que jamais será alterado. Já é parte da identidade da marca.

Essa estética virou até "referência" para outras marcas, que "tiveram a mesma ideia" anos depois – mas acabaram recuando, talvez por terem pecado na execução, talvez por terem pesquisado mais do que deveriam, talvez por não acreditarem de verdade que "ao veicular um anúncio com uma modelo jovem estamos prestando um desserviço às mulheres a quem queremos servir".

Como você pode imaginar, tenho um grande orgulho profissional desse *case*. E não haveria como não ter, se você me permite uma ou duas páginas de falta de modéstia.

Ele foi decisivo para que a Natura conquistasse milhões de consumidoras e conseguisse, com isso, o que parecia até impossível no início dos anos 1990: ser a líder do setor venda direta de cosméticos no país.

Durante décadas, a Avon parecia imbatível ao mercado. Até por ter começado antes, no exterior e aqui, poucos viam sua posição como ameaçável; a empresa estava mesmo muito à frente.

Para isso, a comunicação foi decisiva, evidentemente. E com um adendo importante: durante esse período, a verba de comunicação da Avon sempre foi superior à da Natura.

Em síntese, creio que esse seja o maior *case* de construção de marca nas últimas décadas no Brasil. Eu, ao menos, não consigo encontrar outro que tenha construído uma imagem de marca tão sólida junto a tantos públicos diferentes. Poucas empresas cresceram tanto e foram tão premiadas, em pesquisas que ouviam de consumidores a executivos e empresários.

Evidentemente, e como creio já ter deixado claro pelo que narrei até aqui e pelo modo como narrei, nada no *case* de Natura Chronos foi feito só por mim ou só pela agência.

A inspiração inicial veio da Natura, das reflexões do Luiz Seabra. Veio das conversas com o Guilherme Leal e com o Pedro Passos – que não foram poucas, definitivamente.

Porém, eu sei, e todos nós sabemos, o quanto foi difícil e desafiador materializar conceitos tão abstratos, transformar filosofia pura em publicidade de sucesso, que conseguisse gerar vendas em vez de gerar frustrações em milhões de mulheres.

Era isso que procurávamos: um jeito mais belo de manifestar a beleza e de fazer com que ela fosse compreendida em sua totalidade. Um jeito inclusivo, em que a modelo não é o único modelo. Um jeito em que cada mulher pode explorar seu potencial de beleza – e ser o mais bela que ela pode ser.

Porque é preciso que esteja sempre muito clara a diferença entre sonho e ilusão. São coisas muito diferentes, com consequências também muito diferentes.

Uma mulher pode ter o sonho de ser o mais bonita possível. Mas não deve ter a ilusão de que pode ser tão bonita quanto esta ou aquela modelo. Parece óbvio, e é mesmo. Porém, no mercado de cosméticos, por muito tempo o triunfo foi exclusivamente do falso e do ilusório – ou não?

Olhando para os dois *cases* que comentei até aqui, ambos construídos paralelamente e ao longo de quase uma década, sinto que fui do primeiro ano à pós-graduação no estudo do universo feminino. E como havia matéria. Inclusive porque, enquanto trabalhava para esses produtos, eu criava também as campanhas de maquiagem, de perfumaria, de xampus e condicionadores - a relação da mulher com seus cabelos é tão complexa que daria não só um capítulo, mas um livro à parte.

Era uma imersão contínua no universo feminino, quase sempre dialogando com equipes eminentemente femininas, de uma empresa feminina até no nome.

No mais, ainda tive o prazer de criar a campanha de lançamento da linha Natura Ekos, ajudando a marca a se tornar referência em respeito ao meio ambiente. Até então, as pesquisas apontavam que esse era um dos pontos em que a marca tinha uma imagem muito menos forte que a de O Boticário - outro anunciante cuja verba para a comunicação também sempre foi superior à da Natura.

(Faço questão de deixar clara minha admiração por Avon e O Boticário. São duas grandes empresas, que muito trabalho nos deram, o que só engrandeceu nossa tarefa.)

Enfim, não foi um caminho fácil, porque era novo e, por isso mesmo, tortuoso e perigoso.

De todo modo, também foi decisivo não estarmos sozinhos. Em muitos momentos, quando não tínhamos ideia do próximo passo que devíamos dar, tínhamos ao nosso lado um cliente que não tinha pressa. Um cliente que confiava em nós - e no tempo.

Veja as imagens da campanha na página 150

Conto de fadas

Existem marcas que têm magia. É difícil explicar por quê, mas a coisa basicamente se dá assim: tudo que você faz para elas acaba funcionando de modo surpreendente. E com resultados sempre muito, muito acima das expectativas.

Uma das marcas mais mágicas que já atendi é a Disney. É tão mágica que mesmo as pessoas que trabalham com sua comunicação acabam, muitas vezes, sendo impactadas por suas campanhas, como se nem trabalhassem na área. Claro, tem muito a ver com o talento de quem criou a campanha, mas estou certo de que não é só isso. E de que o talento nem é o principal.

A marca Disney é, em si mesma, um universo paralelo em que tudo pode acontecer – e acontece mesmo. Uma espécie de conto de fadas do *branding*, em que abóboras viram carruagens e assim permanecem, mesmo depois das doze badaladas da meia-noite.

Quer um exemplo?

Em 2001, fui ao Festival de Cannes com o Fabio Cardoso. Eu o havia contratado alguns anos antes como redator na Guimarães. Em pouco tempo, já era um dos principais criativos da agência e, melhor que isso, um grande amigo.

Certo dia, fomos assistir aos filmes da categoria "institucional". Essa é das categorias mais interessantes de acompanhar. Nela podem ser inscritos comerciais de marcas de todos os segmentos, desde que não falem sobre um produto específico, mas sobre a empresa, a marca. Por isso, quando um filme começa, você não sabe de antemão se é de banco, de automóvel ou de telefonia. É parecido com o que acontece nos intervalos comerciais, em suma.

As outras categorias têm tema fechado – artigos esportivos ou bebidas alcoólicas, por exemplo. Como já sabe de que tipo de produto é o comercial, mal o filme começa e você já conclui como deve terminar. É uma dedução simples, até meio óbvia para quem trabalha na área de criação. Essa previsibilidade deixa tudo um pouco sem graça, tudo meio "já entendi, agora vai acontecer isso".

Assim, estávamos lá no auditório, assistindo a dezenas de filmes dos mais variados tipos de anunciantes, sem saber o que viria a seguir. De repente, entra na tela um filme frio, tenso, triste. Madrugada, luz da lua azulando o quarto. Vemos uma mulher de uns cinquenta anos na cama, pensativa. Na próxima cena, vemos que o marido dorme a seu lado, profundamente. Ela olha para ele, chateada. Decide acordar o homem.

– Querido...

– Hã...

– Querido, acorda...

– Que foi, querida?

– Eu não consigo dormir...

– Qual o problema?

– Sei lá... Estou preocupada.

– Com o quê?

– Ah... Preocupada com a gente. A gente não conversa mais, querido... São só as contas, as preocupações...

– Querida, isso é normal... É a vida. A vida real!

– E... Mas e você... Você não fala mais comigo.

– Não falo mais com você? Como assim, querida? Eu estou falando com você agora mesmo, não estou?

– Não é isso. Não fala mais... como antigamente.

– "Antigamente" como?

– Ah, você sabe... Daquele "jeito especial".

– Ah, querida... É que... A gente era jovem e...

– É sobre isso mesmo que estou falando... Você esfriou.

– Não, querida... Eu não esfriei só porque não falo mais com você daquele jeito, daquele "jeito especial"... É que, bem, você sabe... São tantas coisas, o tempo todo...

O diálogo era cheio de pausas, como aquelas que os casais fazem enquanto discutem a relação em plena madrugada, medindo frase por frase, porque sabem que uma palavra errada pode significar o fim.

Enquanto o filme era exibido, nós não fazíamos ideia de onde aquela longa e amargurada conversa ia dar – muito menos que anunciante concordaria em colocar sua marca no meio de um momento tão denso e delicado. Em mais de um minuto de filme, não havia aparecido um logotipo sequer, nada que se referisse ao anunciante. No mais, eu já me perguntava como seria possível reverter aquele drama em algo útil para uma marca, fosse qual fosse.

Na tela, o marido sorri. Ele se dá por vencido. Devagar, move-se em direção à esposa, que continua triste, quase desiludida.

Ele chega bem próximo ao ouvido da mulher, parece que vai dar um beijo nela – mas não. Ele apenas diz:

– Eu te amo!

Só que ele não diz isso normalmente. Ele diz isso imitando o Pato Donald.

O efeito cômico daquela voz fanhosa é desconcertante, para a mulher e também para a plateia. A esposa se desarma, sorri, ele repete que a ama "very, veeeeery much", ainda imitando o Donald. Ela então passa a rir, ele a abraça e, de repente, num passe de mágica, o casal está bem de novo, próximo como em seus primeiros anos, pronto para mais um pouco de vida real.

A imagem some e fica apenas um fundo escuro. Surge um letreiro: *Magic happens*. O letreiro some. Surge o logotipo: Disney. Apenas isso – e tudo isso.

Olhei para o Fábio, ele olhou para mim. Não trocamos uma palavra, não precisava. Havíamos acabado de ver, como seres humanos e não como profissionais da área, uma obra-prima da publicidade, que levou um merecidíssimo Leão de Ouro – obra da Leo Burnett de Chicago, com direção de cena do grande Joe Pitka.

A plateia não sabia se aplaudia ou se ficava em silêncio, em sinal de respeito, testemunhando aquela eloquente exibição de genialidade, que só seria possível produzir para uma, apenas uma marca em todo o planeta.

Sempre que faço uma palestra sobre o tema publicidade e mulheres, exibo esse filme. A reação é a mesma que a minha, a do Fábio e a dos demais publicitários naquele auditório. E, claro, as reações mais bonitas são sempre as das mulheres.

Três anos antes, a mágica havia acontecido com a gente. Fomos convidados para atender a conta da Disney, que passaria a distribuir no país seus *home videos* (depois, DVDs). Até então, a distribuição era feita por uma empresa licenciada.

Eu já era o diretor de Criação da agência e vi que a conta tinha tudo a ver com o Fábio e seu diretor de arte, o Beto Guimarães. E não estava errado: eles eram perfeitos para aquilo, foram feitos para a Disney.

(Se você teve filhos entre 1990 e 2000, aposto que vai se ver neste capítulo. A si e a seus filhos – especialmente se você for mulher, mas não apenas. Mas vamos ao caso...)

De saída, entramos no consenso de que o público-alvo dos filmes obviamente não eram os filhos, mas sim os pais. Sendo mais preciso: as mães.

Por um lado, porque filmes Disney são instrumentos de lazer que reúnem a família – e as mulheres são gregárias por natureza. Por outro lado, porque chega uma hora no fim de semana que a mãe não aguenta mais ser apenas mãe e precisa de um tempinho para si mesma e também para o marido – senão, já viu, o comercial que mencionei acaba virando vida real e nem todo marido sabe imitar o Pato Donald. Um vídeo garante uma hora de sossego, pelo menos.

Mas não achávamos que ia ser fácil vender os vídeos Disney.

A percepção geral é de que as mulheres compram demais. Não é verdade: elas apenas compram mais porque compram praticamente tudo para a casa, para os filhos e muitas vezes até para o marido.

Elas até compram mais para si mesmas do que os homens costumam comprar, é verdade, mas são muito, muito mais seletivas. Não é à toa que a maioria dos vendedores prefere atender homens, pode pesquisar. É bem mais fácil vender para eles, seja lá o que for.

Por conta dessa seletividade, muito decorrente do controle do orçamento familiar, que em geral também está a cargo delas, as mulheres tendem a evitar compras que sejam dispensáveis.

No nosso caso, seria algo assim: na loja, o filho pede o vídeo e ela se esquiva com o tradicional "na próxima vez a mamãe compra".

Logo, era preciso que ela fizesse essa promessa - que na verdade não tinha a menor intenção de cumprir - em outro lugar que não fosse a loja, porque poderia não haver "próxima vez".

Aliás, era justamente com isso que ela estaria contando. Porque se uma mãe for comprar tudo que os filhos pedem, não haverá dinheiro que chegue - coisa que piora a cada geração. E, mesmo que houvesse esse dinheiro, elas creem que isso também não seria educar um filho.

Decidimos que a base das campanhas seria a mídia exterior, com *outdoors* - na época, ainda havia *outdoors* em todas as capitais.

O que buscávamos era o seguinte efeito: no carro, os filhos viam o cartaz do filme e pediam para a mãe comprar. Ela responderia que iria comprar sim, um dia, quando encontrasse – e mudaria rapidamente de assunto, na base da "estratégia do passarinho azul". (Coisa de uma colega de agência, a Inês Agresti. Sempre que sua filha começava a chorar, ela apontava para uma árvore e dizia "olha, filha, um passarinho azul". Imediatamente a menina parava de chorar e passava a procurar o tal do passarinho. Usei essa estratégia muitas vezes com minhas duas filhas, em especial com a mais nova, a Beatriz, quando ela chorava ou quando queria que eu comprasse alguma coisa.)

Dada a grande distribuição que prevíamos para os filmes, cedo ou tarde a mãe acabaria entrando com as crianças em um magazine, em uma loja de conveniência, em uma locadora. E lá estaria o vídeo, destacado nas prateleiras por uma série de peças lindas, impactantes. Então, a criançada apenas diria:

– Mamãe, olha o filme que você prometeu comprar!

Para não comprar uma briga com os filhos, que poderia ser maior que o preço do filme, a mãe acabava preferindo comprar o vídeo logo de uma vez. A história do vídeo era muito mais curta do que a história que a criançada iria começar ali mesmo e esticar até chegar em casa.

(Se você comprou um vídeo ou DVD na situação que acabo de descrever, me desculpe. Mas valeu a pena, não valeu? Lá em casa também apareceram vários vídeos, muitos deles comprados assim. Digamos que o feitiço virou contra o feiticeiro.)

Por isso, a base das campanhas seria a mídia exterior. Em alguns casos, também fizemos filmes para a TV e anúncios em revistas, dependendo da necessidade. Mas o sucesso vinha mesmo da ação nas ruas, era visível até para os outros anunciantes. Nas quinzenas em que não estávamos anunciando, outras marcas pediam para as equipes de comercialização de *outdoors* "o roteiro Disney", elas queriam estar nos mesmos pontos. Como magia não se pega por proximidade, como gripe, acabava não dando tão certo, claro.

O primeiro filme que lançamos foi *O Rei Leão 2*. O fato de ser o segundo filme da saga já era em si um problema, pois, em geral, as continuações são consideradas menos interessantes que o primeiro filme.

Outro problema: o filme não havia sido lançado em cinemas no Brasil. Chegou direto em vídeo. Então, também não era um produto desejado, porque nem era conhecido. Não bastava o simples "agora em vídeo", era preciso explicar a história e torná-la interessante – que, como já disse, pareceria menos interessante só por ser continuação.

Assistindo ao filme, logo vimos um ângulo que poderia ser quente. O filho de Simba – o leãozinho do primeiro filme que agora era o rei da selva – não era macho, era fêmea: uma princesinha leoa chamada Kiara.

Isso era surpreendente até para a dupla Timão e Pumba, que desmaiava ao saber que "o lindo bebezinho" na verdade era uma menina. Essa cena do filme virou um comercial, que foi o mais exibido dos quatro que produzimos, surtindo o efeito desejado.

Apostamos que o inusitado caráter feminino da continuação despertaria a curiosidade das mulheres. Elas certamente ficariam interessadas em ver as aventuras de uma fêmea no mais hostil dos ambientes, a selva.

Isso tinha a ver com elas e com suas filhas, e também seria educativo para os meninos, sempre tão acostumados a considerar apenas o ponto de vista masculino, por ser o deles mesmos e por ser o costume dos filmes que se passam em cenários mais propícios às aventuras dos machos.

Filmes prontos, anúncios prontos, peças de mídia exterior prontas, e pronto: surgiu um problema de último segundo. E põe problema nisso.

O cliente convocou uma reunião e informou que a campanha teria de ser adiada, por tempo indeterminado.

O motivo: algumas redes muito grandes e importantes não estavam querendo comprar o vídeo. Não? Incrível! E por quê?

Porque tinham milhares e milhares e milhares de vídeos encalhados, comprados junto ao antigo distribuidor.

Os vendedores da Disney chegavam a essas grandes redes e ofereciam o lançamento. Imediatamente eram convidados a ir ao estoque. Ironicamente, os gerentes de compras diziam que até gostariam de encomendar o lançamento, mas que não poderiam. Simplesmente não teriam nem onde armazenar, pois estavam abarrotados de vídeos. E diziam para que o próprio vendedor olhasse e comprovasse.

Era verdade. A não ser que...

Bem, a não ser que o vendedor concordasse em retirar todo o encalhe, liberando o estoque – e debitando o valor pago na transação passada da fatura do novo pedido.

Isso era inviável, claro. E injusto: aqueles itens não haviam sido comercializados pela Disney, então como a empresa poderia se responsabilizar e assumir aquele custo, que seria gigantesco? Ouvindo esse argumento, os gerentes de compras pegavam um vídeo e mostravam a marca Disney (que estava na contracapa como estúdio, não como distribuidora). Sendo ele um vendedor da Disney, ele que tratasse de dar logo uma solução – ou a rede não compraria nada, nem aqui e agora, nem na Terra do Nunca. Com isso, nossas vendas não cresceriam, como Peter Pan. A operação estaria limitada às pequenas e médias lojas, que não dariam o volume de vendas desejado pela marca.

Dose para Rei Leão. Surpreso, mas até que pouco indignado para o caso, falei:

– Se é assim, só há uma saída. E não é adiar a campanha, pessoal. É antecipar.

O cliente achou que eu estava delirando. Como assim, antecipar a campanha sem ter produto nas grandes lojas? Continuei:

– A gente teria que começar as vendas em uma quinta-feira, certo? A campanha começaria na quarta. Então, vamos antecipar em alguns dias, como se fosse uma chamada promocional para o dia do lançamento, como se faz para os filmes no cinema, gerando uma estreia com recordes de bilheteria, o que faz o filme decolar de vez. No final de semana anterior, vamos publicar o anúncio de quatro páginas na *Veja*.

Ao mesmo tempo, vamos colar todos os *outdoors* – precisamos de tudo colado até sábado à noite, para que sejam vistos ainda no domingo. À noite, vamos lançar o filme de um minuto no *Fantástico*, no primeiro intervalo, se possível com um *break* exclusivo. E com uma chamada assim, no final: "Quinta-feira nas lojas". Em tudo: "Quinta-feira nas lojas". Sempre: "Quinta-feira nas lojas". Quinta-feira vai ser o dia do juízo final. Ou o dia do final do prejuízo, como preferirem.

O cliente nos olhava, ainda em dúvida. Realmente havia um risco, mas não era tão grande quanto parecia. Prossegui:

– Isso vai gerar uma grande demanda reprimida, até a data do lançamento. Os gerentes de compras vão entender imediatamente que, com uma campanha desse porte, não há risco de o produto não ser um sucesso digno da marca Disney. É aí que está o ponto, gente. Eles estão apenas querendo se precaver. Eu faria a mesma coisa no lugar deles, principalmente depois de ter tido um encalhe tão grande quanto o que tiveram. Tudo bem que alguns aí estão exagerando, querendo se aproveitar, mas é evidente que eles também não compraram essa quantidade de itens por inexperiência. Alguém prometeu algo a eles e não cumpriu – e foi uma grande campanha para alavancar as vendas, aposto.

A estratégia já parecia fazer algum sentido. Continuei:

– A campanha vai tranquilizar esse pessoal, por um lado. Por outro, vai intranquilizar – e muito. A primeira coisa que farão na segunda-feira será ligar e encomendar milhares de vídeos para prontíssima entrega. Nenhum gerente de compras vai querer correr o risco de ter as lojas cheias de mães e não ter os vídeos para vender. Ele vai imaginar os gerentes das lojas ligando para reclamar sobre as vendas perdidas, sobre as queixas das mães e sobre a choradeira da garotada. Uma falha dessas vai depor contra a loja. Se o consumidor é rei, como dizem, a consumidora é rainha – manda até no rei. E o gerente de compras sabe muito bem quem vai ser jogado aos leões.

A sala sorriu.

Admito que a estratégia era um pouco "mundo da selva", mas tem horas que esse cenário aparece até nas animações da Disney. Era uma estratégia agressiva, mas não era nem de longe predadora. Em poucos dias, esses gerentes de compras estariam certos de que, agora sim, estavam fazendo um grande negócio, com um grande parceiro. Tinha tudo para dar certo para todos.

Perguntamos ao cliente se seria viável montar uma operação de distribuição de urgência. Sim, era. O gargalo estava em poucas redes, quase todas com sede em São Paulo, a poucos minutos da copiadora de vídeos, que já tinha um centro de distribuição lotado de peças prontas, aguardando apenas os pedidos.

O cliente nos disse para irmos em frente.

A campanha foi para a rua e os vídeos foram para as lojas – as pequenas, as médias e as grandes –, que encomendaram o que podiam na segunda-feira logo cedo. Na quinta-feira do lançamento tudo já estava no seu devido lugar e milhares de mães compraram milhares de vídeos.

Depois disso, nunca mais houve problema com o *trade*. Até porque todos os demais títulos tiveram campanhas de impacto semelhante, reafirmando a cada lançamento qual era o "padrão Disney" de publicidade, no conteúdo, na forma e na intensidade. Uma marca nada mais é do que isso: um contrato não escrito, mas que precisa ser reescrito a cada nova manifestação da empresa. Como a Disney fez, magicamente.

O *Rei Leão 2* vendeu quase 1 milhão de cópias. Era difícil encontrar uma casa com crianças que não tivesse esse filme. Virou mania entre as famílias de todas as classes sociais. Até quem não podia comprar o filme a R$ 19,90 conseguia assistir, alugando até por R$ 2,00 nas locadoras de bairro.

Aí surge um detalhe. O aluguel de vídeos não era um negócio tão bom para o cliente. E, pensando bem, nem para os pais. Um filme desses a criançada costuma assistir várias e várias vezes. E as crianças sempre reagem como se fosse a primeira vez que veem, nas cenas de humor ou nas de pavor. Parece que nunca assistiram ao filme, já notou?

O Fábio notou. Ele e Beto criaram um filme que abordava esse ponto, com um conceito que era um verdadeiro achado: "Vídeos Disney. Era uma vez, quantas vezes o seu filho quiser". Com isso, aumentávamos o valor percebido dos vídeos, que passaram a ser cada vez menos alugados e cada vez mais comprados. Deu tão certo que o comercial foi exportado para outros países.

Depois de *O Rei Leão 2*, lançamos *Mulan*, título que passou das 700 mil cópias. A seguir, vieram *Toy Story*, *A Pequena Sereia*, *Vida de Inseto*, *Cinderela*, *Monstros S.A.*, *Tarzan* e muitos outros. Todos venderam bem. E alguns superaram a marca de 1 milhão de cópias, mesmo em uma época em que a pirataria já andava solta.

Adorei todas as campanhas, desde aquelas de cuja criação participei diretamente até das que apenas vi prontas, já criadas pela equipe da marca – a grande maioria delas, aliás.

Uma dessas que vi já pronta estava casualmente sobre uma mesa. Era um *outdoor* para o lançamento do filme *A Pequena Sereia 2*. Fiquei curioso e fui dar uma olhadinha sem compromisso.

A peça tinha uma ilustração da pequena Melody com sua mãe, Ariel, a sereia do primeiro filme. Ao lado da imagem das duas, apenas um título, colocado ao lado da filha: "Ela é a cauda da mãe".

Quase pedi um autógrafo ao redator, o Jairo Gruenberg, que fazia parte da equipe do Fábio e do Beto, trabalhando em dupla com o Rodrigo Cabello. Achei que elogiar e encerrar com um aperto de mão acabaria ficando mais composto – hoje, acho até que errei. É raríssimo ver um jogo de palavras ter tanta graça.

Essa peça fez um grande sucesso, provocou longas risadas até de quem eu não esperava. (Como é bom quando isso acontece. A falta de humor é uma coisa muito séria.)

Para encerrar o capítulo, outro caso de magia envolvendo a marca e as mulheres.

Para o Natal de 2000, o cliente nos pediu uma campanha que apresentasse todas as opções de presentes Disney, de todos os seus segmentos de atuação – vídeo, cinema e produtos licenciados. Eram muitas opções, de vídeos a bichos de pelúcia, de roupas a jogos, de material de desenho a copos, tinha de tudo.

Criação reunida, vários produtos sobre a mesa, passamos um bom tempo nos divertindo com tudo aquilo. E, também, pensando como seria possível exibir tantos produtos, tão diferentes até mesmo nas dimensões, de um jeito belo e divertido – um jeito Disney.

Por definição, a campanha seria dirigida a pais e mães – não para as crianças, que não seriam os efetivos compradores. Isso nos levou a escolher o meio revista – não o *outdoor*, como sempre fazíamos no caso dos vídeos.

Evitamos o *outdoor* por mais uma razão, que vale comentar. Não nos pareceu nem rentável, nem responsável anunciar nas ruas produtos que chegavam a custar dez vezes o preço de um vídeo – que, de todo modo, ainda podia ser alugado por quem não pudesse comprar. Boa parte da garotada ia pedir, mas não ia ganhar, o que não seria de forma alguma um "Natal Mágico". Em TV, teríamos o mesmo problema, com dimensões e custos muito maiores.

Já a revista nos permitia apresentar as ofertas mais diretamente aos pais e às mães, para que pudessem filtrar o que dava para comprar. Ao optarmos pela *Veja*, o problema ficou ainda menor, pois esse leitor tem maior poder aquisitivo e havia até opções quase ao preço da própria revista.

Isso simplificava tudo, para todos. Enfim, nada como conseguir unir convicção e conveniência. Você já começa argumentando com duas razões.

Olhando todos aqueles brinquedos que anunciaríamos, me ocorreu um problema típico de pais e mães: como acertar na escolha? Às vezes você dá um presente caro, a criança mal abre e já reclama, diz que queria era ganhar outro – dói e dói ainda mais quando o outro era muito mais barato, quase uma lembrancinha. Como fazer os filhos terem contato com o anúncio para ajudarem na escolha certa? E mais: como fazer a garotada conseguir memorizar uma opção de presente no meio de tantas, até para depois não dizerem que não era bem aquilo que queriam? (Quem tem filho sabe que isso acontece.)

Então, fiz uma pergunta-sugestão:

– E se fizéssemos um anúncio-brinquedo?

Anúncio-brinquedo? O nome era interessante, mas não era claro. Expliquei:

– Um encarte em papel especial, que se transforme em um jogo da memória. A gente faz um encarte com picotes, que viram peças do jogo. Em cada peça, vai a imagem de uma das opções de presente. Os pais ajudam a criança a destacar as peças e ela já começa a brincar antes mesmo de ganhar qualquer coisa. Enquanto brinca, ela vai decidindo o que quer ganhar. Depois é só os pais pegarem a peça e levarem à loja. Vai facilitar para eles e também para os vendedores. O título do anúncio diz algo como "Este Natal vai ficar na memória" e pronto. Que acham?

A equipe achou que poderia dar certíssimo. Ideia aceita, viajei no dia seguinte, em férias. Quando voltei, a *Veja* estava chegando às bancas com o anúncio-brinquedo. Foi um sucesso comercial incrível, mas o mais memorável mesmo nem foi isso – esse era nosso objetivo, apenas.

Na segunda-feira, uma professora de escola pública ligou para a Disney, perguntando se não haviam sobrado alguns encartes com o "joguinho da memória". Dizia que para a garotada da escola dela e de outras da região, aquilo em si já seria um brinquedo. Sim, havia encartes. E muitos, inclusive.

Por regra da Abril, toda peça que era encartada numa revista tinha de ser enviada à gráfica com uma margem de segurança de 10% a mais de peças. Como a *Veja* tirava mais de 1 milhão de exemplares, tínhamos mais de 100 mil jogos da memória.

E não era só: havia mais 1 milhão e 100 mil cópias que haviam sido impressas com um pequeno erro de formato e que não puderam ser utilizadas. A gráfica só estava à espera de uma ordem para sumir com tudo aquilo – viraria apara de papel, com toda a certeza.

Assim, tínhamos 1,2 milhão de encartes à disposição. Começamos a fazer contato com outras professoras e demos um jeito de entregar tudo, em várias escolas de várias cidades.

Logo a garotada começou a receber um pequeno presente, mas que só era pequeno para nós, adultos, que muitas vezes acabamos perdendo a exata dimensão das coisas.

E foi um telefonema de uma professora que mudou tudo.

Magic happens.

Veja as imagens da campanha na página 154

Consciência leve

Em setembro de 2002, inaugurei minha agência, a Pátria, tendo como sócios dois colegas da Guimarães – o Paulo Gozzi, diretor de arte que apresentei no capítulo anterior, e Jorge Marinhas, o diretor de produção.

"Por que Pátria?", às vezes me perguntam. Porque é o mais belo substantivo coletivo que conheço. E uma agência precisa ser isso: substantiva e coletiva.

Nosso primeiro cliente foi a Natura, que nos confiou a conta de comunicação com seu canal de vendas – à época com mais de 600 mil mulheres, as Consultoras Natura. Com o tempo, começamos a atender outras áreas também. Criamos muitas coisas que nos deram orgulho, dos catálogos de produtos a um programa semanal de TV, de conceitos de linhas a seu tema de final de ano – o "Feliz Brasil para você".

Logo no primeiro mês, surgiu o possível segundo cliente: fomos convidados para uma reunião com a Roche.

Suíço, simpático e direto, o gerente de grupo de produtos André Rey explicou brevemente a situação:

– Xenical é um medicamento para emagrecer que atua no estômago e não no sistema nervoso central, como os concorrentes. A formulação captura e elimina um terço da gordura dos alimentos ingeridos. E é aí que surge o problema: sabendo que o medicamento elimina gordura, muitos consumidores tomam o medicamento e vão almoçar na churrascaria. Comem picanha, costela, cupim, ingerem uma quantidade tão grande de gordura que o resultado é desastroso...

(Vou poupar você dos detalhes, ok, leitor?)

Explicados os detalhes, ele prosseguiu:

– Depois, saem falando mal do produto, que é ótimo, apenas foi usado de modo errado. Isso prejudica a imagem e as vendas de Xenical. Por isso, eu quero uma campanha que faça o consumidor usar o medicamento da forma correta. Eu quero uma campanha que faça as pessoas mudarem de atitude, para que gostem, continuem usando e falem bem do produto.

Brasileiro, direto e tentando ser igualmente simpático, o que era difícil em vista do que eu tinha a dizer, comecei, sorrindo:

– André... Eu não sei qual a verba que você tem para investir nessa campanha, mas eu já te digo: não dá, amigo. Não existe nada mais caro que fazer uma pessoa mudar de atitude. Veja o caso dos fumantes. Você acha que um fumante não sabe os riscos que corre? A mulher dele fala, os filhos falam, os amigos falam, as TVs, rádios e jornais falam, o governo fala. Até o maço de cigarros fala. E ele não para. Por quê? Porque ele gosta de fumar e porque é muito difícil parar de fazer o que se gosta de fazer. Esse consumidor que você descreveu gosta de picanha, de costela, de cupim. Ele vai ao rodízio não só para comer isso, mas para comer o máximo que conseguir. Ele não vai parar de ir, não vai passar a comer moderadamente e também não vai deixar de tomar o produto quando for. E ainda vai pensar que, se na hora em que ele mais precisa não pode usar, por que deveria continuar comprando?

André pensou, viu que fazia sentido e nos disse:

– Mas, então, o que fazemos?

Era a pergunta decisiva, para a qual eu ainda não tinha resposta. Comecei a responder enquanto pensava, embora sempre seja mais aconselhável fazer o contrário:

– O que devemos fazer... É falar com quem já mudou de atitude. Por exemplo: você já notou como cresce nos supermercados o espaço para produtos *light*? Esse consumidor já mudou de atitude. A gente pode fazer um folheto para entregar a ele no supermercado. Pode fazer um comercial para a TV. Algo assim: "Você, que já trocou o leite integral pelo leite desnatado, pode deixar seu leite ainda mais *light*".

Ele achou a proposta interessante. Acrescentei:

– O único problema é que eu não tenho como quantificar esse público para você, para termos certeza de que o investimento em comunicação seria rentável. Agora, existe um outro público que eu sei quantificar e que tornaria o investimento altamente rentável: a mulher com mais de 30 anos.

Como você já deve ter notado, lá estava eu de novo às voltas com as mulheres – as mesmas de Natura Chronos, basicamente. Só que havia outra razão para eu ter pensado nelas e continuei o raciocínio:

– E por que ela? Porque essa mulher também já mudou de atitude. Pense, por exemplo, na esposa do cara do rodízio.

Ela vai com ele ao rodízio, senão ele não vai com ela ao restaurante japonês. Mas ela come de modo diferente. Até aceita uma fatia ou outra de picanha, mas se serve da salada antes, dispensa a batata frita, a cebola frita, a banana frita – que o marido nem pensa em deixar passar. E por que ela come dessa maneira? Porque sabe que hoje ela engorda com mais facilidade e emagrece com mais dificuldade do que há dez anos. Então, ela não facilita...

André sorriu – provavelmente ele já tinha visto isso. Continuei:

– A única coisa que ela não sabe é que isso decorre de uma questão metabólica, ligada ao envelhecimento – mas isso ela pode entender facilmente. Ela já sabe, por exemplo, que com o tempo o organismo passa a produzir menos colágeno e elastina, então ela tem de usar um creme facial que a ajude nisso. E aí entra outro ponto a nosso favor: mulher tem disciplina para usar produtos de uso continuado. Ela já usa produtos assim há muitos anos e raramente falha um dia, um único dia que seja. Imagine a cena: o casal chega de uma festa às duas da manhã, ambos igualmente cansados. Se o marido escovar os dentes antes de ir para a cama, já será uma vitória. A mulher, não. Ela tira a maquiagem, passa o tônico, passa o creme, escova os dentes e só depois desse longo ritual vai se deitar. A essa altura, o marido já está no terceiro sono.

Ele sorriu de novo – que homem não viveu isso?

Concluí:

– Essa mulher tem disciplina, porque tem consciência. Então, da mesma forma que ela precisa de um tratamento para a pele, podemos posicionar Xenical como o "tratamento para o peso". E tratamentos desse tipo ela sabe que não são imediatos e que são para sempre, a partir de certa fase da vida. No mais, ela não toma sol sem protetor só porque já usa um creme facial, portanto também não vai comer demais só porque está usando Xenical. O mais importante é que, ao darmos a essa questão o caráter que ela tem de fato, um fator biológico ligado ao envelhecimento, vamos tirar um peso até dos ombros dela. Ela vai nos ver como aliados para a solução desse problema, que não é "culpa dela", como muitas até chegam a pensar, mesmo se esforçando tanto, diariamente.

Basicamente, eu estava propondo uma campanha de reposicionamento completo de Xenical. Mudar o público-alvo de "ambos os sexos" para "feminino". Trocar o "enquanto está acima do peso" por algo muito mais desejado por esse público, o "emagrecer e continuar magra". É praticamente impossível encontrar mulher que não queira perder três ou quatro quilos. Até as magras querem. E é difícil encontrar uma que, após os 30 anos, não tenha dificuldade para manter o novo peso conquistado.

Pode parecer desajuizado propor uma campanha de reposicionamento tão radical sem ter números precisos em mãos para justificar essa recomendação.

Nem sempre. Às vezes não temos o número exato, mas está claro que ele é grande e justifica o investimento e o risco.

Você, leitor, sabe qual é exatamente o número de mulheres da classe AB que querem emagrecer e continuar magras? Não, mas tem certeza de que são milhões, não tem?

Dez, vinte ou trinta milhões já justificam a adoção de um posicionamento. Especialmente se nenhum concorrente o adotou ainda, pois isso é falar sem ser interrompido e com a certeza de que será escutado. E qualquer posicionamento é melhor que posicionamento nenhum, é claro.

De todo modo, acabamos não trabalhando na base do achismo. Dias depois, o cliente recebeu uma inesperada pesquisa, feita em dezenas de países, ao longo de vários meses - e ao custo de milhares e milhares de euros.

Essa pesquisa global apontava dois públicos-alvos rentáveis para Xenical.

Um era o "casal 55 +", aposentado e financeiramente tranquilo, que aproveitava seu tempo livre sem preocupações - havia muitos no Hemisfério Norte, mas não tantos aqui.

Outro público-alvo potencial era "a mulher 30 +" - que aqui havia aos milhões, como já havíamos definido por consenso, pela simples observação de nossas próprias mulheres e das mulheres das mesas ao lado.

A química entre a Roche e a Pátria funcionou desde o primeiro minuto. Ao lerem aquela pesquisa, decidiram nos entregar a conta. Estava claro que pensávamos do mesmo modo, até quando nos orientávamos pelas estrelas. E isso é essencial entre cliente e agência, sempre. Porque é claro que nem sempre receberemos uma pesquisa global inesperada.

A campanha foi ao ar com uma peça conceito, um *outdoor* duplo todo branco, com uma grande frase em azul:

O que você faria com alguns quilos a menos?

Embaixo, ia a frase "Fale com o seu médico", que era necessária por ser um medicamento que exigia prescrição. No canto, o logo da Roche – que era a chave para o médico saber sobre que produto a consumidora queria mais informações.

Adotamos a mesma estratégia nas revistas, com cintas que envolviam as capas, deixando a frase exposta até nas bancas – milhares e milhares de bancas em todo o país.

O filme de TV seguia o mesmo princípio: o de disseminar o conceito, sem identificar o produto. O locutor perguntava "O que você faria com alguns quilos a menos?" e então várias mulheres davam suas respostas, que iam de "aposentava a canga" até "de luz acesa, ia ser bom", o que fez o esperado sucesso.

Mas o que fez o sucesso do filme foi sua delicadeza: a imagem e o som eram calmíssimos, introspectivos. Era preciso, pela delicadeza do tema. As mulheres detestariam ver um assunto desses ser tratado com mão pesada.

No que isso tudo resultou?

Antes da campanha, Xenical era o vice-líder em prescrição médica, sendo o terceiro colocado em alguns mercados importantes, como o Rio de Janeiro. Já no primeiro *flight*, o produto assumiu a liderança nacional. A campanha foi veiculada em toda a América Latina, obtendo os mesmos resultados desde a Argentina até o México.

Um grande resultado, que melhorou a cada novo *flight*. E que ficou ainda melhor quando soubemos pelo cliente que, até então, as vendas do medicamento jamais haviam crescido com comunicação, em nenhum lugar do mundo.

Antes de terminar esse capítulo, faço uma observação sobre a delicadeza que mencionei há pouco.

Ao comunicar para o público feminino, é aconselhável ser duas, três vezes mais detalhistas – detalhistas como são as mulheres, para ser mais exato.

Pelo público-alvo do produto, pensamos em veicular o filme nos cinemas. Tecnicamente era perfeito, considerando classe social, sexo, faixa etária – já que nos cinemas pode-se comprar a exibição sala a sala, conforme a faixa etária do filme que vai ser exibido naquela semana. Era só escolher uma comédia romântica, por exemplo, que certamente teríamos em cada sala dezenas e dezenas de mulheres com o perfil que desejávamos.

Até que visualizamos uma cena: depois de uma semana inteira se alimentando com cuidado e disciplina, a mulher vai ao cinema. Ela está na sala, aguardando o filme começar, luzes já apagadas. Provavelmente ela está com o marido e provavelmente está também com uma pipoca (pequena) e um refrigerante (*light*) nas mãos. É uma pequena contravenção, uma escapada de leve e momentânea da dieta equilibrada de todo santo dia e de todo dia santo. Agora, é só encostar no maridão e curtir o filme, que já está para começar.

Nesse exato instante, entra um comercial e pergunta o que ela faria com alguns quilos a menos. Justo naquela hora? E pior: com o marido do lado? Não dá, né? É a típica situação em que uma mulher tende a ficar muitíssimo mais enfurecida com a marca do que interessada pelo produto. E certas desfeitas as mulheres não esquecem nem perdoam.

Ia ser um *case* histórico de antipropaganda.

Ao notar isso, desistimos de ir ao cinema.

Veja as imagens da campanha na página 156

Chefe e *chef*

Meses depois de lançar a campanha de Xenical, fomos convidados a participar da concorrência pela conta da Bosch Eletrodomésticos.

Em linhas gerais, o *briefing* dizia que os eletrodomésticos não estavam vendendo tão bem quanto poderiam porque a marca era muito masculina, já que os produtos Bosch mais conhecidos eram ferramentas elétricas e peças automotivas. Uma vez que as mulheres não tinham a menor intimidade com a marca, acabavam preferindo outra com que tivessem maior familiaridade, nem que fosse só pelo nome.

O objetivo da campanha seria tornar a marca Bosch feminina. Para isso, já tinham inclusive contratado um garoto-propaganda para atrair a atenção das mulheres: o cozinheiro Olivier Anquier – no que pareciam estar certíssimos, a julgar pela reação empolgadíssima da ala feminina da agência.

Apesar de termos sido convidados a participar da concorrência pela *expertise* com o público feminino, acabamos quase que contradizendo o *briefing* – e creio que, justamente por isso, acabamos conquistando a conta.

No dia da apresentação de nossa proposta, começamos por um planejamento cujo ponto principal era demonstrar a completa impossibilidade de tornar a marca Bosch feminina, como desejavam.

Primeiro porque a marca tinha um perfil masculino há meio século, por estar trabalhando bem nessa direção.

Segundo porque as divisões de ferramentas elétricas e autopeças continuariam anunciando e fortalecendo essa percepção, com maior chance de sucesso, pois é sempre mais fácil manter do que mudar uma imagem.

Na nossa visão, devíamos considerar a marca Bosh não como "feminina", mas como "ambos os sexos". (Exatamente o oposto que havíamos proposto à Roche para Xenical, como você deve se lembrar.)

De um lado, era um objetivo economicamente mais viável. De outro, porque vimos em visitas a lojas que muitos maridos acompanhavam as esposas na hora de comprar um eletrodoméstico - numa eventual dúvida por parte dela, talvez ele pudesse dar um aval para a qualidade Bosch. No mais, havia ainda os homens solteiros ou temporariamente descasados (isso é temporário, sempre) que poderiam escolher a Bosch.

Havia ainda outro lado, esse o mais importante: uma mulher da classe AB há muito não é mais a rainha do lar. E não quer ser vista como "a decisora da compra do fogão" - mesmo que seja. E seus maridos também não acham que palpitar num tema desses vá ferir sua masculinidade.

Em suma, a saída para o posicionamento da marca estava em atrair as mulheres, mas sem afastar os homens.

Essa percepção deu o tom final da comunicação.

Em vez de criar a campanha só com o Olivier, recomendamos que contratassem também a Débora Bloch, atriz com quem ele era casado.

A ideia da campanha passou a ser brincar com a grande semelhança entre o sobrenome dela (Bloch) e a marca (Bosch).

Num dos filmes, ele fazia uma grande confusão, trocando os nomes. No outro, que era sempre veiculado na sequência, ela aparecia e desfazia a confusão, evidentemente. (Um retrato fiel do próprio imaginário feminino, vamos combinar? As mulheres creem que, se não fossem elas, os maridos estariam sempre enrolados – no que não estão de todo erradas, vamos combinar também.)

No mais, ter a esposa do cozinheiro no contexto tirava da campanha o risco de ele acabar sendo visto pelos maridos como "o bonitão que colocaram aí para fazer graça para a minha mulher", o que poderia gerar ciúmes e rejeição por parte deles – logo eles, que sempre gostaram da Bosch.

Do jeito que fizemos, não: ele era só mais um marido às voltas com a maior desenvoltura natural da esposa. Um marido bonito, que tinha autoridade sobre o tema por ser cozinheiro, mas que era apenas "um marido como eu" e não um galã, embora enquanto ele errasse desajeitadamente o texto (que era o que eles viam), ficasse ainda mais charmoso (que era o que elas viam).

Pelo fato de o público-alvo ser a classe AB, e principalmente pelo fato de os principais pontos de venda da marca estarem em *shoppings*, a mídia escolhida foi o cinema.

Veiculamos a campanha em praticamente todos os cinemas de *shopping* das grandes cidades. À saída do filme, as pessoas recebiam um minicatálogo de produtos das mãos de uma promotora, que aproveitava para informar que todos poderiam ser vistos na loja que ficava ali pertinho – e explicava como chegar.

Como já estávamos com a mão na massa, criamos também uma promoção envolvendo os vendedores das lojas. Cada produto vendido dava direito a um par de ingressos para o cinema. Depois do expediente, eles levavam a namorada ou o namorado – e ainda viam nossos comerciais. Adivinhe se eles recomendavam a marca Bosch.

A campanha estreou numa sexta-feira, quando as salas mudam a programação dos filmes da semana. No sábado, lá pelas duas da tarde, recebi uma ligação da diretora de atendimento da agência, a Silvana Karam Pregelj – o nome é um pouco longo, mas ela não gosta que se abrevie, então vamos respeitar, até porque este livro é sobre o que as mulheres querem.

Ela disse o seguinte:

– Estou andando aqui no Ibirapuera. Acabei de receber uma ligação de um amigo do MBA. Papo vai, papo vem, ele me diz que tinha ido ao cinema. Comentei que a gente tinha estreado dois comerciais da Bosch e perguntei se ele tinha visto, mais para saber se tinham exibido direitinho, sabe? Olha o que ele me respondeu: "Menina, então funcionou! Não só vi, como estou falando com você de uma loja. Estou precisando de geladeira nova e vim dar uma olhada, a menina que me deu um folheto na saída disse que aqui tinha".

Rimos e fui pegar uma cerveja para comemorar – no meu refrigerador Bosch, comprado quatro anos antes, quando me descasei. Não existe mágica em publicidade, concorda? O que existe é a lógica de pessoas que são como nós e fazem as mesmas coisas que fazemos.

Os indicadores das pesquisas e o crescimento de *share* mostraram que aquele não foi um acaso, nem o único caso. Naquele episódio, era um homem descasado. Mas repare como no cinema a grande maioria da plateia é formada por casais. Logo...

Dois anos depois, demos mais um passo nessa estratégia – passo valioso e que seria antinatural se tivéssemos ignorado os homens na primeira fase.

Esse passo nasceu da observação de uma matéria na *Veja* intitulada "Cozinhas de Morar". Eram quatro páginas que falavam sobre a tendência de casas e apartamentos com cozinhas de grande metragem e sem paredes, abertas para a sala, onde o cozinheiro trabalhava à vista dos convidados.

Na foto de abertura da matéria, quem aparecia? Olivier Anquier, sua cozinha aberta e seus eletrodomésticos Bosch.

Aquilo retratava um momento novo, em que o homem tinha um papel ainda mais central, pois muitas vezes o marido era o poderoso chefão – no sentido gastronômico do termo.

Àquela altura, homem da classe AB cozinhando para a mulher e os amigos já começava a ser visto como charmoso, em vez de afeminado, como era havia alguns (poucos) anos.

Criamos uma campanha cujas imagens eram feitas ao longo de um jantar entre casais. Eram cenas de preparo das iguarias e, especialmente, do convívio entre amigos, em que a cozinha e a comida eram cenário e coadjuvante, respectivamente. O protagonista era o convívio, coisa das mais femininas, desde sempre. E um convívio com uma diferença em relação ao passado: o lugar dela já não era ao fogão por dever. Se ela estivesse ao fogão, seria no máximo por prazer. Muitas vezes, nem isso: o marido assumia para si a tarefa naquela noite, para que ela pudesse ser pura e simplesmente a dona da casa – e não a dona de casa.

O primeiro anúncio tratava justamente desse novo momento, tendo este título:

A conversa chegou à cozinha.

O correto mesmo seria dizer que a cozinha havia chegado à conversa. Preferimos a primeira forma por ser a inversão direta do antigo bordão machista de quando as mulheres nem sequer podiam opinar nas "conversas sérias" dos homens. Outros anúncios seguiam por aí, remetendo às mudanças sociais ocorridas ao redor do fogão: "A cozinha é o coração da casa. Quer lugar melhor para os amigos?", "De segunda a sexta, chefe. Aos sábados, *chef*" ou "Antigamente as festas terminavam na cozinha. Hoje em dia, começam".

No subtexto, ficava claro que ao escolher Bosch a mulher estava escolhendo a marca que proporcionava a oportunidade de viver momentos como os da comunicação – com *design* e *performance*, coisas que os eletrodomésticos Bosch notoriamente tinham, mas pelo que não valia pagar enquanto fossem utilizados somente pela cozinheira, para fazer os almoços do dia a dia, em cozinhas fechadas. Com a cozinha aberta para a sala de estar, o eletrodoméstico passava a ser também um item de decoração – e isso justificava um investimento maior.

Esse posicionamento gerou dois roteiros de filmes que iam mais fundo nesse contexto, com uma grande riqueza de sabores que tinham a ver com as mulheres e seus maridos.

Veja os dois roteiros a seguir, exatamente como foram apresentados ao cliente:

Bosch – Amigos
60 segundos

O filme começa com uma porta se abrindo. Vemos a mulher que abre a porta, com o marido ao fundo. Vemos um casal entrando e cumprimentando os donos da casa. Vemos a porta se abrindo novamente para a entrada de mais um casal. Na sequência, chega outro casal. A partir daí, cenas deles na cozinha: preparo, conversa, experimentações – e imagens de produtos Bosch no contexto de uso. Ao final, prontos para jantar, os donos da casa levantam as taças para um brinde. Enquanto tudo acontece, ouvimos uma locução em *off*.

Chef: *Dizem que, na vida, nada é mais importante do que ter amigos. São eles que vêm para comemorar quando as coisas deram certo – e são eles que permanecem, se as coisas dão errado.*

Amigos são sujeitos e são predicados – e também são verbos, como ajudar, entender, dividir...

Amigos são os que acham graça naquelas histórias de sempre, sempre repetidas como se ninguém se lembrasse mais delas – embora sejam inesquecíveis, como cada amigo que participou da história.

Amigos falam, ouvem... Jamais falam quando devem ouvir – nem deixam de falar, quando quem deve ouvir é você.

Amigos são aqueles que até podemos passar um tempo sem ver – mas que, quando vemos, é como se o tempo não tivesse passado.

Amigos são aqueles que são – apesar de nada.

Corta para pack *final de produtos Bosch.*

Locutor: Eletrodomésticos Bosch. Tecnologia para a vida.

Bosch – *Paella*

60 segundos

O filme começa com um homem na cozinha. No início, ele está sozinho, preparando uma receita. Aos poucos, começamos a ver vários casais chegando, cumprimentando, olhando o que ele está fazendo, conversando. Enquanto ele prepara o prato, cenas de produtos Bosch em uso. Ao final, prontos para o jantar, os anfitriões erguem as taças para um brinde. Enquanto tudo acontece, ouvimos uma locução em *off*.

Chef: *Hoje, eu decidi fazer uma* paella *para os amigos.*
Para isso, acordei às cinco da manhã.
Às seis, já estava no mercado atrás dos ingredientes.
Primeiro, a banca de peixes.
Escolhi camarão por camarão, marisco por marisco,
lagosta por lagosta...
Depois, a banca de legumes.
Escolhi tomate por tomate, cebola por cebola,
pimentão por pimentão...
Foram horas escolhendo ingrediente por ingrediente.
Você pode achar isso meio exagerado – mas não...
Eu também fiz essa turma assim, sabe?
Escolhendo amigo por amigo.

Corta para cena final de produtos Bosch.

Locutor: Eletrodomésticos Bosch. Tecnologia para a vida.

Apesar de serem narrados pelo homem, note como os dois filmes exploram conceitos femininos.

No primeiro roteiro, o conceito é o do convívio. Como mencionei no capítulo sobre o *case* Disney, as mulheres são muito mais gregárias que os homens. Segundo estudiosos do comportamento feminino, essa característica vem do início da civilização, quando os homens saíam para caçar e as mulheres ficavam cuidando da prole, em um ambiente muito perigoso. Ficar juntas era a melhor forma de estar e de se sentir protegidas. O tempo passou e o comportamento não se alterou. E provavelmente continuará assim para sempre.

Certa vez, alguém observou um detalhe curioso a respeito do gregarismo feminino. Em inglês, a palavra "juntos" é *together*. Note que essa palavra já é, em si mesma, a demonstração do coletivismo das mulheres, pois é formada por "to", "get" e "her". A palavra é uma junção de palavras, com um sentido aproximado de "união feminina".

O segundo roteiro explora outro conceito muito mais feminino que masculino, o da doação. É claro que os homens também podem ter tal característica, mas essa é uma das características que eles tendem a aprender observando, ainda meninos, o comportamento de suas mães. (Os bazares de caridade não costumam ser organizados pelos pais, não é?)

Talvez você esteja se perguntando: se os conceitos são tão femininos, por que os filmes são narrados por homens? Porque o que torna o "novo homem" tão mais interessante e tão mais atraente é sua admissão de alguns valores femininos. Nenhuma mulher quer ser casada com um ogro. Aliás, já não queriam nem no tempo da Princesa Fiona.

De qual dos dois roteiros você mais gostou, leitor? Eu gostei mais do primeiro, pelo lirismo. Na reunião, houve um impasse, pois todos nós gostávamos dos dois. Até que o Mauro Corrêa, diretor de *marketing*, observou:

– Acho que o da *paella* é mais radical, falará mais ao coração do público *gourmet*. O público-alvo vai se identificar mais e as pessoas tenderão a perceber que tudo que ele escolhe, escolhe com atenção, inclusive os eletrodomésticos. Gosto dos dois, mas iria nesse. Quando esse conceito estiver apreendido e ligado à marca, poderemos fazer o outro.

Todos concordamos. Mesmo gostando mais do primeiro, fiquei feliz que tivessem escolhido o filme da *paella*.

Filmar aquele roteiro seria uma homenagem à Vânia, mulher do Antonio Toledano, sócio da agência. Dias antes, eles haviam convidado a mim e à Cecília, minha mulher, para uma *paella*. Vânia acordou às cinco, às seis estava no mercado... Ao sentar para escrever o roteiro, bastou lembrar o que ela tinha contado e sua doação para com a gente. Eu não disse que o conceito de doação era mais feminino? O texto realmente foi inspirado por uma mulher.

Nesse ponto, um adendo: eu ia tentar obstinadamente, mas seria quase impossível o filme ficar melhor que a *paella* da Vânia, pode acreditar.

Dias antes de filmar, entramos em compasso de espera. A matriz mundial da Bosch considerava vender suas operações de eletrodomésticos em vários países, incluindo o Brasil – que crescia aceleradamente, com resultados inéditos.

A venda foi de fato concretizada meses depois, mas com a condição de que a marca fosse usada pelo novo dono por dois anos, no máximo.

Nesse período, a Pátria manteve a conta, em grande parte por reconhecimento pelo trabalho realizado – o que é raro quando uma marca troca de mãos.

Só que o investimento em comunicação diminuiu sensivelmente, pois não faria sentido fortalecer ainda mais uma marca que, por contrato, teria de ser descontinuada.

Coisas da nova economia, como você certamente já deve ter visto acontecer bem perto de você, não é?

De todo modo, o gráfico de crescimento da marca foi decisivo no valor final do negócio, até por sua grande presença nos pontos de venda, o que é cada vez mais decisivo no segmento de eletroeletrônicos.

Veja as imagens da campanha na página 160

Vida a dois

Ao conquistar a conta publicitária da Bosch, a Pátria conquistou também a da outra marca do grupo, a Continental. Eram diferentes em praticamente tudo – tão diferentes que eram estrategicamente complementares.

A Bosch era posicionada para a classe AB, enquanto a Continental, para a classe BC. A Bosch era forte em refrigeradores, a Continental, em fogões. A Bosch tinha maior margem e a Continental, maior volume de vendas. A Bosch se saía melhor em lojas de *shopping*, como já disse, e a Continental, nas lojas de rua.

Estudando esse ponto, aliás, conheci mais profundamente as redes de varejo de eletroeletrônicos e suas estratégias de venda quase sempre geniais – e muitas vezes imperceptíveis.

Peço licença para abrir parênteses e dar um exemplo. A gente sempre tem o que aprender com o pessoal do varejo.

Uma mesma rede de lojas tem estratégias diferentes para a exposição de fogões em uma loja de rua ou de *shopping*. Na loja de rua, os modelos são colocados em ordem crescente de preço, da porta para o fundo da loja. Quanto mais a pessoa avança, mais caros ficam os produtos – e mais perto ela está do balcão do crediário. Já nas lojas de *shopping*, os modelos mais caros é que ficam à porta, porque esse cliente é mais sensível à sofisticação que ao preço e, principalmente, para acentuar a percecpção de alto padrão da loja, que quase sempre é vizinha de lojas de grife. O mais bem pensado vem agora. Como os produtos estão por ordem de preço, os vendedores são orientados a não ficar na porta, mas a deixar a pessoa entrar e se movimentar sem ser abordada logo de imediato. Ao caminhar olhando a linha de fogões, o cliente passa pelo primeiro modelo, depois pelo segundo, depois pelo terceiro e assim vai. De repente para: volta e olha o anterior. Avança e avalia outra vez o seguinte. Pronto: de longe, sem falar com a pessoa, apenas observando seu movimento corporal, o balconista já detecta o valor que ela deseja gastar. O trabalho dele então é fazer com que o cliente compre o modelo mais caro. Para isso, oferece o crediário, se estiverem em uma loja de rua, ou parcelamento no cartão, se estiverem em uma loja de *shopping*. É praticamente infalível.

Parênteses fechados, voltemos à Continental.

Na classe BC, a compra de um fogão é quase sempre decidida pela mulher. Ao contrário da consumidora AB, essa mulher não se incomoda nem um pouco em ser vista como "a decisora da compra do fogão".

Até por comprar menos, a compra de um fogão é mais uma oportunidade de ter o prazer de comprar, que todos sabemos que nunca é pequeno, e também a oportunidade de exercer seu poder de decisão sem ter que consultar ninguém, o que todos sabemos que é outro grande prazer.

O poder de decidir sozinha tem um preço, porém: ela não pode errar. Em hipótese alguma. Primeiro porque será responsabilizada. Ela sabe disso. Em segundo lugar porque, além de não querer ouvir o que não precisa, a compra em geral é feita no crediário e o pagamento se dá ao longo de um ou dois anos. A cada prestação que for pagar, ela mesma vai se culpar pela escolha desastrada.

Ainda tem mais: ao terminar de pagar o carnê do fogão, ela geralmente já faz outro carnê – para trocar a TV, por exemplo. Se tiver que comprar de novo um fogão porque o anterior era de má qualidade, a TV vai ficar na loja.

Assim, um fator altamente motivador para a compra de um eletrodoméstico na classe BC é a durabilidade. Só que o produto também tem que ser bonito, tem que encantar a ela e às vizinhas.

Desses dois motivadores, saiu o conceito: "Continental. É resistente. E irresistível".

O conceito era preciso no conteúdo e até precioso na forma. Apenas um pouco racional demais para o meu gosto. (Imagine para o gosto das mulheres, então.)

A campanha teria de equilibrar a racionalidade do conceito com outro, todo emocional, quente. Era preciso traduzir o "resistente" e o "irresistível" de modo acentuadamente feminino.

Em busca de inspiração (e de informação, de propriedade), passamos dias lendo as maiores revistas femininas da classe BC, todas da Editora Abril: *Ana Maria*, *Tititi*, *Viva Mais*, *Minha Novela*, *Sou + Eu*...

Era até engraçado quando alguém entrava na Criação e via a equipe lendo as revistas em silêncio, interessadíssima. Até lembrar que estávamos criando uma campanha para as mulheres com aquele perfil, a pessoa ficava alguns segundos se perguntando o que eu fazia com a *Minha Novela* nas mãos às onze horas da manhã de uma segunda-feira. Sorte minha, aliás, porque gosto muito de novelas e podia fazer de conta que estava apenas trabalhando.

Passávamos também horas nos *sites* das revistas, lendo as mesmas matérias e analisando os comentários que despertavam – e que tipo de matérias despertavam mais comentários. Como eu já imaginava, por ser o ouvidor-geral das conversas das meninas da agência, o assunto principal era “quem está com quem”. Óbvio. Papo de homem é mulher, mas papo de mulher é casal.

De tudo que lemos, o que mais me chamou a atenção foi o número de matérias sobre casais famosos que se separavam. Era praticamente semanal. E cada separação dava matéria das grandes em todas as revistas. Nos *sites*, os comentários das leitoras vinham às dezenas, centenas. Era de longe o tema que mais gerava *posts*. E quase sempre os comentários tinham o mesmo tom: “Ah, que pena”, “mas faziam um casal tão bonito”, “outro dia mesmo pareciam tão felizes em Paris”, “parece que ele já está com aquela atriz que...” – e, claro, nunca faltava o “coitadas das crianças”.

Olhando isso, notei que, no contexto da mídia em geral e das revistas femininas em particular, o “quem está com quem” estava virando o “quem não está mais com quem”. E isso obviamente não fechava com o imaginário feminino – era só ver os comentários. Nada mais natural: para a mulher, de qualquer classe ou idade, de qualquer país ou época, o ideal é o “foram felizes para sempre”.

De brincadeira, uma amiga costuma dizer que “o culpado é o Walt Disney” – que, com aquelas Cinderelas e Brancas de Neve, faz as mulheres sonharem desde pequenas com príncipes encantados e com amores eternos. Coitado do Disney, hein? Ele não fez nada: apenas percebeu que era isso que as pequenas queriam ouvir, porque isso fazia, faz e sempre fará as mulheres felizes. É atávico. E é o que viabiliza nossa civilização, chego mesmo a acreditar.

Dias atrás, essa amiga reviu seu comentário maldoso e deu um crédito ao velho Walt. Admitiu que ao menos não eram princesas passivas, que ficavam sentadinhas à espera do príncipe. Ponderou que a Cinderela teve que ralar para ir ao baile e que a Branca de Neve teve até que cozinhar para os sete anões. Enfim, eram mulheres de atitude. Pensando bem, concluiu que os príncipes em geral é que eram uns encostados – a ponto de um deles ter até mandado o mordomo procurar a dona do sapatinho de cristal.

Mas voltemos aos fabulosos relacionamentos da vida real.

É claro que uma mulher pode concluir que deve se separar, e, quando ela decide, não costuma protelar como o homem, mas ela não fica feliz com a conclusão nem com o fato em si, mesmo que se sinta aliviada e que nunca venha a se arrepender da decisão.

Por tudo isso, vimos que ali havia um caminho interessante: valorizar as relações afetivas que duram – como os eletrodomésticos Continental, claro.

Usaríamos casais em um momento deles, ele fazendo companhia (e um chamego, claro) enquanto ela cozinhava, pois na classe BC não é tão comum o marido cozinhar.

Sempre os dois, apenas os dois, sem os filhos – para não virar "família feliz", outro ideal feminino, mas que nesse segmento é usado à exaustão, uma obviedade de que não precisávamos. Além do mais, "cozinha não é lugar de criança", como dizem todas as mães desde que surgiram as cozinhas.

Chamamos uma agência de modelos e pedimos um *casting* com várias mulheres na faixa dos 20 aos 30 anos – todas com seus namorados e maridos de verdade, que iam ficar felizes por aparecer com elas numa campanha publicitária – e também pelo cachê inesperado.

Acreditávamos que cada modelo já havia feito por si mesma o trabalho de encontrar um homem que combinasse com ela nas fotos – e nem cobrariam a mais por esse rigoroso processo de *casting*. O mais importante é que as imagens teriam calor, cumplicidade, essas coisas que mantêm os casais unidos – também sem custo adicional algum.

Pedimos que a produção não se esquecesse de anotar há quanto tempo os casais estavam juntos.

O anúncio de lançamento tinha várias páginas duplas seguidas. Na primeira dupla, a foto de um casal e uma frase: "Renata e Yuri. Juntos há 7 anos". Na seguinte, outro casal e a frase "Ana Maria e Pablo. Juntos há 6 anos". Na próxima, mais um casal e a frase "Márcia e Flávio. Juntos há 16 anos". Na última dupla, uma foto da linha Continental e a frase que resumia a campanha: "Escolher bem para não precisar trocar. Isso funciona com marido e também com fogão".

A campanha teve dezenas de anúncios, sempre com títulos que faziam a ligação entre o casamento que durava e os produtos que duravam, por exemplo:

Algumas coisas até podem ser descartáveis. Agora, marido e fogão é outra história, né?

A veiculação foi feita nas revistas que mencionei, obviamente. E foi precedida por uma estratégia de aquecimento vital e viral, surgida de uma incrível simbiose entre a Pátria e a equipe da Abril liderada pelo Kaine Nanne – um apaixonado por aquelas leitoras e por sua relação de intensa interação com as revistas.

Na época, a revista *Ana Maria* completava dez anos. Para comemorar aquela longa união com as leitoras, demos a ideia de fazerem matérias com dez casais famosos que estivessem juntos há muito tempo. (Sim, conseguiram encontrar dez.) Era uma pauta interessante – afinal, por que só casais que se separavam viravam notícia?

A ideia foi bem recebida, acabou repercutindo e virou pauta em todas as demais revistas com o mesmo perfil.

As matérias trariam uma entrevista com a atriz (ou com a mulher do ator) em que ela contaria a história do casal e, de quebra, na base da cumplicidade feminina, daria sua "receita" de como fazer um casamento durar para sempre – o que viria a cair nas graças da mulherada, evidentemente. Seria supercomentado nos *sites*, provocando reflexões e comentários muito divertidos (e instrutivos para os homens).

Essa sugestão da receita para fazer um casamento durar me ocorreu porque, ainda jovem, assisti por acaso a uma edição do *Jornal Hoje*, da Globo. Era um sábado e a entrevistada da semana foi a Dona Zica, mulher do sambista Cartola. O casal estava completando 50 anos de união. Para começar a entrevista, a jornalista Leda Nagle aproveitou esse gancho e perguntou a Dona Zica qual era o segredo para fazer um casamento durar por meio século.

Como ela perguntou, Dona Zica respondeu:

– Ah, minha filha... Não pode enxergar muito bem, né?

A jornalista riu, aliás, gargalhou, mas gargalhou tanto que a entrevista só não foi cortada porque pegaria muito mal – e porque, na sala de edição, todos deviam estar ocupadíssimos gargalhando também.

As matérias com os casais famosos começaram a circular semanalmente, despertando a atenção das leitoras para o tema. E, conforme prevíamos, fazendo com que o assunto virasse *trend topics* nos *sites* de cada publicação e nas cartas para as redações.

Só dois meses depois lançamos a campanha propriamente dita, surfando nessa onda de comentários.

Após as matérias semanais, com a campanha principal em seu pico, foi lançado o concurso cultural "Felizes Para Sempre", que reunia as cinco revistas. Era hora de as publicações saírem do universo dos famosos e evidenciar o universo de suas leitoras, que adoram aparecer em suas revistas – o que não acontece nem com metade dessa intensidade nas revistas femininas de perfil AB.

As leitoras tinham que enviar uma carta ou *e-mail* contando sua história de amor. As dez mais bonitas seriam publicadas nas cinco revistas e ainda ganhariam produtos da Continental.

Foram dez semanas de premiação, com histórias de amor que emocionaram as leitoras, geraram mais comentários nos *sites* e emocionaram até os homens mais durões.

Os milhares de cartas, claro, formaram um banco de dados valioso para relacionamento direto com aquelas potenciais consumidoras. Eram dezenas de milhares de mulheres de todas as regiões, que certamente se identificavam com a nossa linha de comunicação.

Com todas essas iniciativas, durante quase seis meses a Continental foi de longe o anunciante mais presente, notado e comentado naquelas publicações: tinha, ao mesmo tempo, um anúncio de página dupla abrindo as edições, um anúncio na última capa e mais alguma coisa do concurso cultural - anúncios de divulgação ou matérias sobre as ganhadoras, sempre com a logomarca da patrocinadora do concurso e fotos dos produtos que as premiadas receberiam.

A Continental virou a queridinha das leitoras - 8 milhões de mulheres por semana, aproximadamente.

Essa estratégia aqueceu a marca - e as vendas, claro.

Pode não parecer, mas é muito difícil aquecer uma marca de fogões - sem trocadilho. É o tipo de produto que não desperta paixão, porque sempre lembra um trabalho chato. Mesmo depois que a comida está pronta, ainda há trabalho chato a fazer, aliás, o mais chato de todos: limpar o fogão.

Só de ver a imagem de um fogão, a tendência é a leitora virar a página imediatamente - pelas más lembranças e até por medo de que algum aventureiro que venha passando veja o anúncio também e se lembre de que está com fome.

Ao adotar a estratégia com os casais, procurávamos um jeito de fazer com que as mulheres ficassem um pouco mais de tempo na página do anúncio. Elas talvez não passassem a achar o produto "um amor" - mas a marca, quem sabe?

A campanha em revistas foi um bom ponto de partida, mas era preciso disseminar ainda mais o novo posicionamento.

Por isso, começamos a trabalhar em conjunto com a área de *merchandising* da Rede Globo.

A ideia era ter quadros com patrocínio da Continental nos programas *Estrelas* e *Caldeirão do Huck*, então exibidos em sequência nos sábados à tarde.

Angélica e Luciano estavam casados havia pouco tempo, mas já pareciam um casal de final feliz e ainda não haviam feito campanhas publicitárias juntos.

No programa da Angélica, teríamos um quadro em que uma atriz ou cantora prepararia uma receita de família numa cozinha com produtos da marca. Durante o papo, ela também daria uma dica para fazer o casamento durar, o que tenderia a interessar até a própria Angélica, como a toda recém-casada – gerando uma entrevista mais interessante. Detalhe: a entrevista com a dica nunca seria ao vivo, para não corrermos o risco de repetir o caso da Dona Zica.

Já no programa do Luciano, teríamos um miniquadro em que os telespectadores que estivessem de casamento marcado enviariam cartas – como nos quadros "Lar Doce Lar" ou no "Lata Velha" – contando sua história de amor. Os casais com as histórias mais bonitas apareceriam no programa, ganhariam eletrodomésticos Continental e um valor em dinheiro para fazer uma superfesta de casamento. No futuro, as festas seriam mostradas no programa, realimentando o *case*.

Evidentemente, toda a comunicação da marca passaria a ser estrelada pelo casal Angélica e Luciano, na TV, nas revistas, na internet e também nas lojas.

O sucesso, que já era grande só com a campanha nas revistas da Abril, seria muitas vezes multiplicado quando somássemos o impacto e a cobertura dos programas da Globo.

Infelizmente, acabamos não conseguindo pôr em prática a estratégia de TV também no caso de Continental, como aconteceu com Bosch – certamente um sucesso a menos para todos. Mas até onde deu para ir, fomos crescendo em vendas e conquistando corações.

Em alguns casos, pelo que líamos em cartas e *posts* de "parabéns à Continental", creio até que alguns corações foram conquistados para sempre.

Veja as imagens da campanha na página 162

Anonimato e fama

Já tive o prazer de atender muitas revistas: *Nova*, *Capricho*, *Arquitetura & Construção*, *Casa Claudia*. E também as que mencionei nas páginas anteriores: *Ana Maria*, *Tititi*, *Minha Novela*, *Viva Mais*... Todas elas principal ou inteiramente dirigidas à mulher.

Eu esperava que um dia fosse me aparecer uma *Playboy*, uma *VIP*, uma revista que eu pudesse chamar de minha.

Até que em 2004 a Abril convidou a Pátria para fazer a campanha de reposicionamento da *Contigo*, cujo público também era majoritariamente feminino.

Lá íamos nós outra vez.

O objetivo era aumentar o número de anunciantes da revista, porque uma página de anúncio gerava um lucro equivalente ao de 10 mil exemplares vendidos em banca. Isso mesmo: 10 mil exemplares, porque do preço de capa era preciso descontar vários custos como equipe, papel, impressão, transporte, comissão da banca de revistas etc.

Teoricamente era mais viável vender 30 páginas de anúncio que vender mais 300 mil exemplares – a circulação da revista à época.

Para dobrar a tiragem seria preciso investir muito em comunicação, sem ter certeza de qual seria o pico de vendas e, principalmente, de qual seria o resultado final depois que a campanha saísse do ar.

Na teoria, era mesmo mais viável vender 30 páginas. Na prática, a coisa era diferente – sempre é, não é mesmo?

A *Contigo* não atraía nem muitos, nem os melhores anunciantes do país.

Para o mercado publicitário, a imagem da revista era basicamente a seguinte: matérias fantasiosas (do tipo "Silvio Santos é careca!", um clássico do gênero, com uma fotomontagem das mais toscas, pré-Photoshop) e leitoras muito simplórias para acreditarem naquele tipo de história.

Na verdade, essa matéria realmente havia sido publicada, mas pela revista *Amiga*, que era da Bloch Editora – e já havia até saído do mercado. Como *Contigo* concorreu com *Amiga* por um tempo, acabou ficando com a fama.

Por isso, as agências e os anunciantes de mais alto padrão queriam distância da *Contigo* e de suas imaginadas "leitoras simplórias", mais ou menos como aquelas celebridades que vão a juízo exigindo que outra não chegue a menos de cem metros delas.

Até aí já estava difícil. Para piorar, o mercado ia com a cara de *Caras*. A revista tinha uma tiragem não muito maior que a de *Contigo*, mas os anunciantes pareciam acreditar que suas leitoras eram tão qualificadas que poderiam elas mesmas estar nas páginas da revista ou na afamada ilha que as celebridades frequentavam no verão.

Na realidade, a diferença qualitativa das leitoras das duas revistas nem era muito grande, pelos dados do Marplan. Era mera percepção, um pouco para cima no caso de *Caras*, mas muito para baixo no caso de *Contigo*.

Para piorar, as campanhas publicitárias davam certo em *Caras*. Eles faziam um bom trabalho comercial, era inegável.

Por que os publicitários e os profissionais de *marketing* dos anunciantes iam mexer em time que estava ganhando?

Por fim, já havia outra revista no segmento celebridades que era bem vista pelo mercado, a *Quem*, da Editora Globo.

Foi com esse cenário que chegamos à primeira reunião – mas ainda não sabíamos quase nada do que escrevi até aqui. Só sabíamos que o objetivo era reposicionar a revista para concorrer com *Caras*.

Cheguei até bastante curioso para saber como eles pretendiam fazer aquela mágica, já que não eram a Disney.

Para abrir a reunião, o diretor de Redação, Edson Rossi, falou sobre como estavam fazendo a revista, já havia algum tempo:

– Na *Contigo*, estamos fazendo um jornalismo de manual.

Ao ouvir aquilo, pedi que ele fizesse a gentileza de repetir – para eu ter certeza de que tinha ouvido direito e para me certificar de que o que ele queria dizer era mesmo o que eu estava imaginando. Ele repetiu e foi mais longe:

– Estamos fazendo um jornalismo de manual. É a verdade, somente a verdade, nada mais que a verdade. Não sai uma frase que não traga a comprovação do que está sendo dito.

Fiquei surpreso. Eu, como a maioria dos publicitários e dos anunciantes, achava que ainda estavam no tempo do Silvio Santos careca.

Para avaliar o que ele dizia, pedi um exemplar da revista e comecei a folhear. Ele começou então a nos contar os bastidores da apuração de cada matéria, detalhada e pacientemente. Era verdade: em cada matéria, nada mais que a verdade. Não havia fato inventado, frase sem sujeito ou sem fonte. Era jornalismo puro.

Você pode até não gostar do tema celebridades – eu mesmo nem me interessava tanto –, mas o fato é que esse tema pode ser correta ou incorretamente coberto, como qualquer outro. Pelo que eu via, não daria para estar mais correto.

O diretor de Redação acrescentou:

– Hoje, nós temos a segunda maior Redação da Abril. Só perdemos para a *Veja*. Então, não precisamos inventar nada. E achamos que é possível cobrir esse tema com bom gosto, inteligência e originalidade. Veja o livro *Fama e Anonimato*, de Gay Talese. É basicamente uma compilação de artigos originalmente publicados na imprensa americana, em que ele fala sobre famosos. Fala de Frank Sinatra, de Joe Di Maggio, de Marilyn Monroe. E aquilo é uma aula de jornalismo, não há como negar.

Eu não tinha como discordar. Aquele livro era e é um dos meus favoritos. Bastava eu estar um minuto sem o que fazer que já dava um jeito de reler um ou outro capítulo. O jornalista chegou a escrever um perfil fantástico do Sinatra sem ao menos conversar com o cantor, que estava mal-humorado por estar gripadíssimo e não quis dar entrevista. Uma gripe não nos impede de trabalhar. Mas a um cantor...

(Se você não leu esse livro, recomendo. Mas só depois que terminar este, é claro.)

Para concluir, Edson acrescentou:

– As pessoas sempre se interessaram pela vida dos famosos e sempre vão se interessar. E muitos famosos são de fato pessoas interessantes. O desafio está em descobrir quem é mesmo – e por quê, claro – em vez de ficar no óbvio, de dar o *press release* que interessa aos empresários.

Ele me convenceu. Por pouco eu não fui à banca comprar o exemplar da semana – e olhe que havia vários na mesa, hein?

Depois dele, quem falou foi o Andrés Bruzzone, vice-presidente da unidade de negócios que incluía a *Contigo*.

Não que fosse preciso, mas em meia dúzia de frases já deu para eu entender por que ele era o vice-presidente:

– Acreditamos que não adianta tentar falar diretamente com o mercado publicitário, pois não vão nos ouvir. Então, queremos uma grande campanha que fale com eles indiretamente, como se estivéssemos falando com leitores mais qualificados – aqueles que inclusive já temos, embora isso sempre possa ser melhorado, claro. Aí o mercado prestará atenção à *Contigo* – mas que será pouca e breve. Só temos uma chance de acertar e pouco tempo para acreditarem que acertamos. E, mesmo que consigamos isso, sabemos que o resultado só virá a médio e longo prazos. Vamos trabalhar?

Depois disso, eu ia dizer o quê? Não?

Era a estratégia pronta, com a qual não poderíamos concordar mais, inclusive com seus riscos, prazos e custos – que não seriam pequenos, muito longe disso.

Logo vi que era o tipo de cliente com quem nos daríamos bem, o que de fato aconteceu. Aquela reunião foi um exemplar de todas as que se seguiriam: rica, intensa, divertida, desafiadora, o sonho de qualquer agência, de qualquer profissional. Redação, *marketing*, comercial, todas as áreas se entendiam e se atendiam, era nítido e era um prazer ver aquele time trabalhar. No mais, já naquele dia senti que não haveria fronteiras entre eles e nós, porque não haveria "eles" e "nós".

Voltei para a agência extremamente entusiasmado e começamos a trabalhar naquele dia mesmo. Na verdade, mal deu para começar, pois já era fim de dia. Só consegui explicar o problema à equipe e trocamos algumas opiniões iniciais. Voltei para minha mesa, respondi a algumas ligações. Ao terminar, vi que ainda tinha uns dez minutos antes de sair para encontrar minha mulher em um restaurante. Peguei uma caneta, comecei a pensar no assunto e logo me veio uma frase:

Contigo. A revista que conta.

Era um óbvio jogo de palavras com a expressão "contar contigo". Mas tinha a ver: a revista de fato contava o que acontecia com os famosos. A revista "que conta" também é a revista "que não esconde" nada do leitor – isso é jornalismo de manual. A revista que conta também é "a que importa".

Era um bom começo, pensei.

Mostrei a alguns dos criativos, que também acharam a frase interessante, mas combinamos de pensar com calma no dia seguinte.

Peguei o carro e logo estava parado em um dos sinais de São Paulo. A frase voltou à minha cabeça e, dessa vez, gostei mais dela. O sinal abriu e continuei pensando enquanto dirigia. Era uma frase boa no conteúdo e na forma, mas precisaria de uma imagem ampla, eloquente, simbólica. Comecei a imaginar uma pessoa contando algo a outra. Aí me veio uma lembrança: sempre que alguém conta algo realmente importante ou sigiloso a outra pessoa, quase que instintivamente cobre os lábios com a mão, para não ser ouvido. Sempre que eu via alguém cobrindo os lábios assim, tinha certeza de que estava confidenciando algo quente. E ficava curioso, também queria saber, por que não?

Continuei pensando. Se usássemos um "flagrante" desse instante na campanha, quem deveria estar contando algo para quem? Claro: um famoso para outro famoso, pois aquela era uma revista de celebridades. Vendo dois famosos cochichando, até eu, que nem me interesso tanto pelo universo das celebridades, ficaria curioso – afinal, deveria ser algo que ainda era sigiloso até mesmo entre os famosos. Descobrir o que eles falavam era justamente o trabalho de um repórter da *Contigo*. Captar aquela imagem breve, aquele instantâneo, era exatamente o trabalho de um fotógrafo da *Contigo*.

Dessa forma, a campanha transmitiria o processo de feitura da revista, o universo não posado dos famosos.

Cheguei ao restaurante e disse para minha mulher, que também é publicitária:

– Imagine uma foto: dois famosos, lado a lado, em uma festa. Um deles está cochichando algo para o outro, que o ouve com atenção. O que fala cobre a boca com as costas da mão, assim, sabe? – fiz o gesto. – Ao lado dessa imagem, o título: "Contigo. A revista que conta".

Ela arregalou os olhos, sorriu e tive certeza: era a campanha.

Alguns dias depois, fomos apresentar nosso trabalho à Editora Abril. Aprovadíssimo. Pediram alguns nomes de famosos que poderiam estar na campanha e dissemos uns vinte. Anotaram para começar a contatar as celebridades e convidá-las para participarem da campanha.

No meio da tarde do dia seguinte, fomos inesperadamente chamados para uma reunião – se possível, naquele mesmo minuto. Chegando lá, a notícia: os dois primeiros artistas convidados declinaram no ato. Com tanta indiferença que nem sequer quiseram saber o valor do cachê. Na verdade, eram dois os problemas: nem o cachê era milionário, nem os dois estavam entre os mais famosos. Diante daquelas recusas, e acreditando que os figurões seriam ainda mais inacessíveis, alguns já consideravam se não seria melhor criar outra campanha, que não tivesse famosos. Não precisei pensar duas vezes para responder:

– Pessoal, deixa eu contar uma coisa para vocês: eu não gosto de fazer campanhas com famosos. Evito o que posso. Até por esse tipo de coisa que vocês estão narrando. Alguns exageram no estrelismo. Acho também que quase sempre é apenas preguiça do criativo, um truque barato e que sai caro para o cliente, porque os cachês estão cada vez maiores. Não vejo sentido em colocar um ator para falar de um lançamento imobiliário, que seja. Qual a autoridade que ele tem para falar sobre aquilo, se nem mesmo vai morar lá? Acho que em dez minutos se arruma ideia melhor, porque isso nem chega a ser de fato uma ideia.

Isso era o que eu achava. E ainda acho. Completei:

– O problema é que ninguém tem mais autoridade para falar de fama do que um famoso. Por isso, este é um dos poucos casos em que precisamos de verdade deles. É o nosso negócio. No mais, a campanha agora é o nosso menor problema. O maior é a revista. Se os famosos não receberem nossos repórteres e fotógrafos no dia a dia, como faremos a revista, como ameaçaremos a líder, com quem eles falam o tempo todo, cheios de caras e bocas? Agora, precisamos deles até para mudar o tratamento que vamos receber dos próprios famosos.

Nesse momento, fui socorrido pelo Andrés. Plácido, com aquele jeito só dele de transformar qualquer reunião tensa em uma agradável *happy hour* entre amigos, ele falou, calmamente:

– É isso, pessoal. Não adianta tentar contornar o problema. Esse nós vamos ter que enfrentar e resolver. Precisamos ter ao menos um artista de muito prestígio logo no primeiro anúncio. Alguém de talento inegável. Tipo a Fernanda Montenegro...

Ouvindo isso, sugeri quase que por impulso:

– Que tal ela com a filha, a Fernanda Torres?

Risadas gerais. Se tínhamos sido rejeitados até por nomes muito menos importantes, como eu sugeria logo aquelas duas unanimidades nacionais?

Esperei que parassem de rir – no caso, de mim– e só então expliquei uma grande coincidência:

– A Fernanda Torres é casada com o Andrucha Waddington, que é diretor de cinema. Eu já fiz filmes com ele, para a Natura, para a Reebok... Acho que posso ligar, explicar como será a nova *Contigo* e perguntar se ele pode nos ajudar. De repente, quem sabe?

No dia seguinte, liguei. Irmão, como sempre é para com todos. Ele disse para eu ficar calmo, agitadíssimo como sempre.

Elas aceitaram. Liguei para o cliente, dei a boa nova e sugeri:

– Agora, liguem para os outros nomes da lista e convidem-nos mais ou menos assim: "Estamos lançando a nova *Contigo* e pensamos em convidar você a fazer parte da campanha. A Fernanda Montenegro e a Fernanda Torres já confirmaram. Você gostaria de participar também?".

Ninguém mais declinou, evidentemente. Eram as celebridades de verdade começando a mudar a imagem da

Contigo já entre as próprias celebridades. E nenhuma se arrependeu de ter participado, porque a revista ficou mesmo ótima como prometemos e porque a campanha ficou linda, graças a mais um *layout* simples e chique do Paulo Gozzi e ao talento de sempre do Willy Biondani, que fez as fotos e também assinou o filme.

A campanha foi veiculada nas principais revistas da Abril e nos principais programas de todas as emissoras de TV – com as Fernandas, a Juliana Paes, a Taís Araújo, a Regina Duarte, o Henri Castelli, a Priscila Fantin, o Reynaldo Gianecchini, o Thierry Figueira e o José Mayer. Estava em *outdoors* em São Paulo, em painéis na orla carioca, em placas nos aeroportos das maiores cidades, nas bancas de todo o país, nos maiores portais e *sites* da internet.

Em questão de semanas, mudou a imagem da revista junto às leitoras e às não leitoras. As vendas em banca cresceram e *Contigo* superou *Caras* em praças importantes, inclusive em São Paulo.

Mas nosso objetivo era o mercado publicitário, lembra? E aí ainda estávamos só começando.

A campanha em si e os resultados de vendas em si não seriam suficientes para reverter a indiferença de agências e anunciantes. Eles só nos dariam uma chance se vissem que a revista começava a ser lida por pessoas claramente da classe A e em locais em que eles nunca haviam visto a revista, como o Andrés já havia previsto em nossa primeira reunião.

Até lá, aguardariam para ver se o fogo não era de palha. E aguardariam pouco, no máximo semanas.

E foi exatamente aí que entraram as mulheres de novo, para decidir a parada, como quase sempre.

Hoje, nos anunciantes e nas agências de publicidade, pelo menos metade dos cargos de decisão são ocupados por mulheres – que são mais curiosas, mais observadoras e menos conservadoras que os homens. Portanto, era mais viável conquistar essas decisoras. Se elas nos notassem e adotassem, certamente seriam seguidas por seus colegas homens.

Eu disse isso em uma reunião com a Abril. Imediatamente me veio uma ideia e pedi:

– *Ladies*, por favor... Vocês conseguem fazer uma relação com os vinte melhores salões de cabeleireiro de São Paulo?

Animadíssimas, relacionaram vinte salões em vinte segundos. Só aí me perguntaram o que eu queria com aquilo.

Expliquei:

– Eu gostaria que os 200 primeiros exemplares que saírem da gráfica sejam postos em uma van e imediatamente entregues nesses vinte salões, como cortesia. Dez para cada salão, ok? Por quê? Por que as diretoras de *marketing* dos clientes e as diretoras de mídia das agências com certeza frequentam esses salões. Um dia desses, vão chegar ao salão e vão ver com seus próprios olhos mulheres da mesma classe social que elas lendo interessadíssimas a *Contigo*.

As mulheres começaram a sorrir, entendendo no que aquilo ia dar. Continuei:

– Em princípio, elas até vão estranhar. Vão achar curioso e talvez concluam que a campanha está mesmo qualificando as leitoras – que como sabemos já são eminentemente da classe AB, mas elas não sabem. Como temos dez exemplares em cada salão, número certamente maior que o das concorrentes, seremos a revista de celebridades mais lida no salão delas mesmas e em algum momento um exemplar vai cair em suas mãos. Elas vão abrir para matar a curiosidade e ficarão favoravelmente impressionadas ao ver a revista por dentro, com o novo formato, o novo projeto gráfico, as novas seções – e o mesmo "jornalismo de manual" que já vínhamos fazendo, mas que elas ainda não conheciam, porque nem se davam ao trabalho de abrir a revista.

Essa foi uma das ideias mais econômicas e valiosas que já tive. Era o bom e velho *sampling*, mas que não parecia ser isso, porque tivemos o cuidado de enviar o exemplar de banca, não um um exemplar de "cortesia do editor".

Aos poucos, a equipe comercial liderada pela incansável Mariane Ortiz começou a ser atendida com mais rapidez, simpatia e claro interesse – sim, pelas mulheres das agências. Sempre que uma delas dizia empolgadamente ter visto e adorado a revista, mencionava espontaneamente que havia sido no cabeleireiro – embora as revistas também fossem enviadas para as agências, como todas as outras. Mas quem tem tempo de ler na agência todas as revistas que recebe? Nem em casa se consegue, porque o filho chama, a mãe telefona, o marido quer conversar. No cabeleireiro, não: lá, as mulheres teriam horas e horas para nos avaliar com calma.

A campanha teve várias etapas ao longo daquele ano.

O *marketing* da *Contigo* fez um grande trabalho, junto com a Redação: criou produtos com ênfase na brasilidade - que *Caras* não poderia fazer com a mesma propriedade, por ser argentina. Eram especiais sobre Caetano Veloso, Chico Buarque, Milton Nascimento, Tom Jobim, Elis Regina - nomes que reforçavam o aspecto "celebridade com conteúdo". Lançaram ainda a edição de aniversário com o tema Brasil, que foi às bancas repleta de anúncios de marcas brasileiras até então nunca vistas em *Contigo*, batendo todos os recordes de páginas publicitárias nos mais de 40 anos da revista.

Em dezembro, *Contigo* foi eleita "O Veículo Impresso do Ano" no Prêmio Caboré - cujos eleitores são publicitários e anunciantes, quase sempre em postos de decisão. Nesse prêmio, a revista concorria com *Quem*. Na sequência, ganhou todos os outros prêmios do setor, concorrendo diretamente até com *Caras*. Era o sinal de que o mercado publicitário finalmente admitia *Contigo* no segmento celebridades, o que mais crescia em receita publicitária.

O resultado em novos anunciantes? Audi, Arezzo, Ambev, Avon, Alpargatas, Always - para ficar só na letra A. E não faltaram anunciantes, com todas as letras.

Na última década, nenhuma revista da Abril cresceu tanto em faturamento publicitário quanto *Contigo*.

E isso é o que conta.

* * *

Em tempo:

O texto do livro já estava pronto, indo para a editora. Na véspera do envio, minha mulher reuniu algumas amigas em casa. Para não atrapalhar a conversa das meninas, fiquei até mais tarde na agência, aproveitando para dar uma última lida nos originais e ver se ainda dava para melhorar alguma passagem, algum capítulo.

Cheguei em casa à uma da manhã.

Ainda havia cerca de dez mulheres, conversando na varanda. Peguei um lugar e fiquei ouvindo.

A certa altura, a conversa passou a ser Londres e suas Olimpíadas, terminadas no domingo anterior. Uma delas começou a falar sobre a cerimônia de encerramento.

Cecília comentou que minha filha mais velha havia se surpreendido ao ver a Victoria Beckham cantando. De fato, foi interessante: ela sabia que a mulher se chamava Victoria Beckham e que era casada com o jogador David Beckham, mas não fazia ideia de que ela fosse cantora e também nunca havia ouvido falar de Spice Girls.

Comentei com as mulheres:

– Engraçado, né? Como ela conhece a Victoria, se não sabia que ela cantava nem conhecia as Spice Girls?

Em coro, todas responderam:

– Ah! Ela deve ter visto na *Contigo*, na *Caras*...

Eram todas publicitárias. E falaram nessa ordem.

Veja as imagens da campanha na página 166

Pontos finais

Na introdução deste livro, eu disse que meu único mérito no sucesso das campanhas que criei foi o de ter me colocado sempre como um sabe-nada, admitindo que eu não conhecia as mulheres.

Duas décadas depois da primeira campanha, a maior certeza que tenho é de que ainda não sei nada, mesmo considerando que, como você deve ter notado ao longo dos capítulos, cada *case* trouxe aprendizados que foram importantes para os próximos – às vezes, para muitos outros.

O que aprendi com Natura Chronos, por exemplo, nos ajudou a solucionar a campanha de Xenical. E a evitar a gafe de pôr o filme sobre perda de peso no cinema, no momento de lazer da mulher. Momento de lazer que foi decisivo no *case* de *Contigo*, no entanto.

O que aprendi com o processo de *casting* de Natura Mamãe e Bebê nos ajudou a gerar um *casting* mais rápido, mais econômico e mais bem-sucedido para os casais da Continental.

O que aprendi com cada cliente formou um banco de aprendizados valioso. Mas foram aprendizados pontuais, que, somados, não me atrevo a chamar de "conhecimento".

A cada novo grupo de pesquisa com mulheres há mais uma descoberta, algo de que até então eu nem sequer suspeitaria. E isso não se dá apenas comigo: já conversei com grandes especialistas em pesquisa que sentiam a mesma coisa – e eram todas mulheres. Elas são unânimes em afirmar que, mesmo depois de décadas de prática, e mesmo sendo mulheres, ainda se surpreendem com o que ouvem e com o que descobrem. Dizem que chegam a uma dinâmica certas de que vai dar “isso” – e acaba dando “aquilo”, disparado. É sempre? Não. Mas é mais comum do que elas mesmas imaginavam.

Afinal, o que quer a mulher, Doutor Freud?

Ele continua sem resposta. Eu tampouco a tenho e não seria incauto a ponto de arriscar um palpite.

(Embora, muito cá entre nós e entre parênteses, elas que não nos ouçam, eu ache que uma das coisas que mais querem é que nós, homens, não saibamos mesmo o que elas querem. Como na mitologia, o enigma é o poder da esfinge. Exceto pelo fato de serem previsíveis, as mulheres querem tudo.)

Para fazer uma grande campanha para a mulher é preciso ouvir – saber ouvir, quero dizer. Porque a prática me mostrou que, no discurso feminino, muitas vezes as frases exatas estão nas entrelinhas e as palavras decisivas estão após as reticências.

Eu não creio que tenha o “olhar feminino” que me atribuem – em geral, as colegas mulheres. (O que é explicável: um homem sabe que poderia soar ofensivo dizer isso para outro. Somos assim, fazer o quê?)

Sei apenas que tenho, e isso eu certamente tenho, os olhos voltados para elas e para o olhar delas – o que, de todo modo, eu já faria naturalmente, por ser homem. Apenas uno o pessoalmente agradável ao profissionalmente útil. Por isso, olho-as sem esforço e com atenção. Seja no organograma das empresas ou nas lojas (o que nos ajudou a encontrar a solução para a estratégia de *Contigo* ou Disney), seja na cozinha ou à mesa (Bosch, Roche), seja quando elas estão olhando a si mesmas no espelho (Natura Chronos).

Eu sou assim, os homens com quem trabalho são assim, as mulheres que trabalham com a gente também são assim. E nos ajudam muito, quando falam, quando calam. Um silêncio de meio segundo a mais já costuma significar trabalho de volta para a prancheta. Às vezes, nem elas mesmas percebem que acabam de reprovar a campanha sem ter dado uma palavra – justamente por não terem dado palavra alguma.

Esse traço pessoal deixou de ser um traço particular meu para ser um traço cultural da agência, uma das marcas da Pátria. E não foi pensado para ser assim, apenas aconteceu. Muitas vezes as pessoas dizem isso só de visitar nosso *site*, por exemplo. E, claro, muitas viram isso antes que eu mesmo percebesse. Para ser mais exato, só fui perceber quando elas começaram a comentar comigo.

De tudo o que eu disse até aqui – e também do que não disse de outros *cases*, para não alongar demais essa conversa – minha única conclusão é que a busca pelo entendimento feminino é e tem de ser contínua, pois *la donna è mobile*. Individualmente e coletivamente.

Essa busca pode ser feita por quem tiver curiosidade – e há muitos homens que a têm, podem acreditar, meninas.

Não crer nessa busca masculina ou não crer que o homem possa ter percepções valiosas, chegando mesmo a entender estas ou aquelas questões, ainda que não consiga compreender o todo – não crer nisso apenas empobrece a discussão e desestimula nossa busca.

Às vezes me questiono se não seria mais fácil ou mais produtivo atribuir a equipes exclusivamente femininas as campanhas para mulheres. Talvez fosse, mas não creio.

É muito comum não conseguirmos ver o que temos de melhor ou de mais interessante. Prova disso é que qualquer pintor costuma ter mais facilidade para produzir retratos do que autorretratos.

Mesmo que Mona Lisa tivesse a técnica e o talento de Leonardo, dificilmente ela teria feito aquele sorriso em si mesma – por não perceber que o tinha ou por não perceber que poderia ter e encantar multidões, muitos séculos depois. Multidões interessadas em saber quem ela foi de verdade – e se tinha mesmo aquele sorriso. Para Mona Lisa, talvez o sorriso dela fosse apenas mais um, como tantos. Para Da Vinci, não. E ao notar o sorriso da musa, ele não foi um gênio: foi só um homem. Gênio ele foi ao conseguir pintar o que viu e ao notar que a posteridade gostaria de ver aquele sorriso pelos olhos dele.

A dificuldade de se ver acontece com todos, até mesmo com grandes profissionais de propaganda, tão habituados a procurar nos clientes o diferencial, as particularidades. Os piores anúncios que as agências costumam produzir são os que fazem para si mesmas – por melhor que seja a agência. É fácil errar a mão, para mais ou para menos – como sempre preferem correr o risco de errar para mais, nos anúncios das próprias agências de publicidade todos têm sido campeões em tudo, como no "Poema em Linha Reta".

São anúncios cheios de palavras (quando sempre dizemos que o leitor quer anúncios com poucas), laudatórios, desmesurados. Sabemos que não funciona, dizemos isso o tempo todo aos clientes, mas não conseguimos fazer diferente para nós mesmos. E, nisso, minha agência não é exceção, já digo antes que outros o façam – e falariam com toda a razão.

Por tudo isso, penso que as equipes mistas sejam evidentemente as mais indicadas para criar campanhas para as mulheres. Porém, se houver a predominância numérica de algum dos sexos, prefiro que seja do masculino. Não, não é machismo, de modo algum. Porque, em contrapartida, também creio que provavelmente as campanhas de cerveja e de automóveis ficariam mais imprevisíveis e interessantes se fossem feitas por equipes predominantemente femininas – mesmo que dirigidas aos homens.

Aliás, isso nos leva a outra questão: cadê as campanhas de cerveja e de automóveis para as mulheres? As mulheres não bebem? Não dirigem? Sim. E são justamente elas que costumam deixar de beber quando vão dirigir.

No disco *O Sol de Oslo*, Gilberto Gil canta que "o povo sabe o que quer, mas também quer o que não sabe". Assim são os homens. Assim são mulheres, com mais intensidade, como em tudo. Muitas vezes um homem descobre o que uma mulher nem sabia que queria – nem que seja por tentativa e erro, por puro acaso.

Da mesma forma, elas também acabam descobrindo o que os homens não sabiam que queriam, porque os homens tendem mesmo a estar mais satisfeitos com tudo. Inclusive porque a única insatisfação masculina contínua e recorrente é mesmo a sexual. (Uma estrelinha de campeão mundial a mais na camisa do seu time de futebol também não atrapalha em nada, claro.)

Então, vamos lá, homens! Vamos lá, mulheres! Vamos nos entender, em todos os sentidos – inclusive na hora de fazer *marketing* e propaganda.

Nós podemos nos entender: me refiro a compreender como é e o que quer o sexo oposto, o que naturalmente já irá ajudar a convivermos melhor.

Isso nem sempre é fácil. Acredito que para muitos seja até mesmo impossível.

Há algum tempo, fomos convidados a atender a conta de um produto feminino – completamente, 101% feminino.

Aceitamos, agradecemos a confiança e logo a seguir fomos apresentados a uma das profissionais do *marketing*. Estávamos eu e mais duas mulheres da agência.

Ao saber que a direção da empresa havia decidido nos confiar a conta do produto, ela olhou para mim, adotou um ar enigmático e disse, imperativa:

– Se está decidido, parabéns. Só que eu faço questão que as nossas campanhas sejam criadas por mulheres, pois nós falamos com a mulher.

Por aquela eu realmente não esperava. Sorri e perguntei:

– Pode ser a mesma mulher que criou, por exemplo, as campanhas sobre idade para a Natura?

Ela levantou a sobrancelha interessadíssima, aceitou entusiasticamente e se desarmou por completo. Esperei todas essas reações e completei, conseguindo até um sorriso dela:

– Então, fechado. Só que essa mulher aí sou eu mesmo, tudo bem? É que quem escreve é o meu lado feminino.

Sei que não foi proposital da parte dela, mas...

Se eu já não soubesse como uma mulher se sente quando é discriminada por ser mulher, teria aprendido ali.

Foi a primeira, e creio mesmo que foi a única vez, em que me senti discriminado por ser homem.

Ela definitivamente não acreditava que um homem pudesse ter alguma contribuição efetiva no entendimento da mulher, de seus desejos e de suas necessidades. Mas tirei de letra e fui em frente.

Acho que isso eu aprendi observando as mulheres.

Campanhas

De mãe para filho

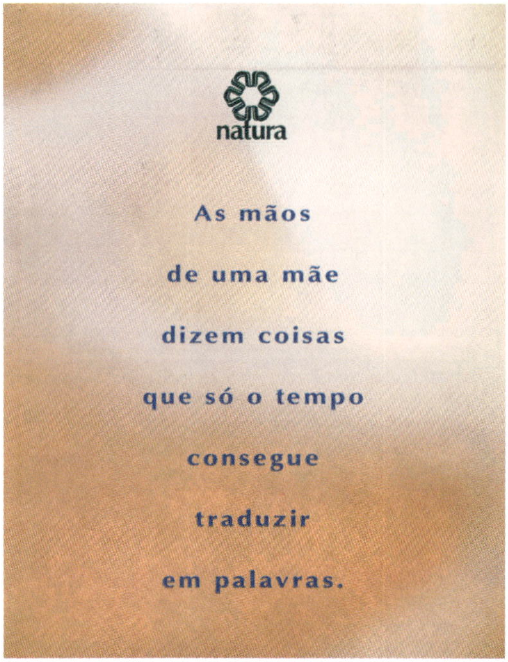

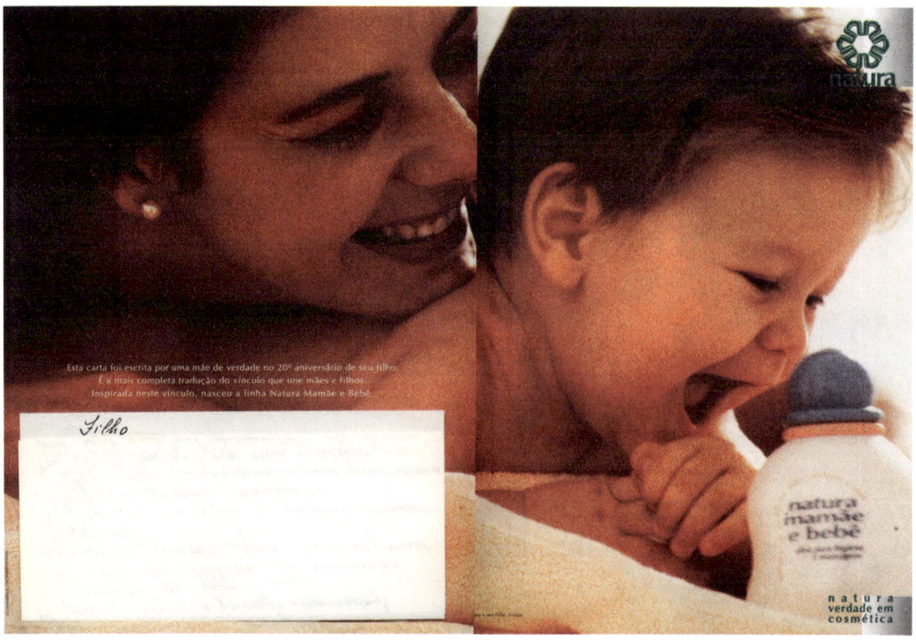

Filho

Vinte anos atrás, eu era apenas uma menina com mil perguntas, todas sem resposta. Vivia ajeitando o vestido, que teimava em ficar mais curto, pela imensa barriga que eu exibia com orgulho.

Naquela noite, as dores do parto.
A dilatação, a força ansiosa
e finalmente... você.

Você nasceu lindo, em plena madrugada.
O primeiro toque, a primeira mamada,
o caminho de casa.

A cada dia você era um pouquinho mais meu, embora fosse cada vez mais do mundo:
a primeira escolinha, a primeira viagem sozinho, a primeira namorada.

Hoje, mais do que nunca, sei que é ótimo ter você comigo, nos erros e acertos, nos bons e maus momentos, até mesmo nas briguinhas bobas que às vezes temos e que todos têm, porque assim é a vida.

Feliz aniversário, filho.

E que você continue sendo esta pessoa maravilhosa que eu tive a felicidade de pôr no mundo.

Com todo amor
Eu, sua mãe

Natura Mamãe e Bebê.
Há vida em suas mãos.

A linha Natura Mamãe e Bebê estimula o toque, uma forma simples e valiosa de fortalecer o vínculo entre mãe e filho. Com o vínculo fortalecido, ele crescerá livre, criativo, equilibrado. E se soltará no mundo com mais segurança, em busca de sua felicidade.

Para a mamãe.

Emulsão Natural Preventiva de Estrias
Para massagear adequadamente seios, barriga, quadris, nádegas e coxas. Ativa a circulação e auxilia na prevenção de estrias. Hidrata em profundidade.

Gel para Cuidados das Pernas e Pés
Alivia a sensação de fadiga e inchaço das pernas e pés, relaxando e amaciando a pele. Reduz o surgimento de microvarizes.

Para o bebê.

Sabonete
Suavemente perfumado, proporciona a higiene perfeita do bebê. Não agride a pele, mantendo seu pH fisiológico. Enriquecido com emolientes.

Shampoo não Alcalino
Higieniza os cabelos do bebê, dando brilho, maciez e facilidade ao pentear. Sem corantes e não alcalino, respeita o pH natural da pele e dos cabelos.

Água de Colônia sem Álcool
Fragrância delicada e refrescante, que deixa aquele cheirinho de bebê que toda mãe adora sentir. Formulada com essências suaves, sem álcool ou corantes.

Loção Higienizante sem Álcool
Higieniza sem agredir a pele do bebê, facilitando a remoção de impurezas e prevenindo irritações e assaduras. Não contém álcool ou corantes.

Creme Preventivo de Assaduras
Forma uma camada protetora nas áreas mais sensíveis da pele, impedindo o contato com substâncias irritantes e prevenindo assaduras.

Óleo para Higiene e Massagem
Higieniza e massageia suavemente. Facilita a remoção de crostinhas e amacia a pele. Indispensável no massageamento do bebê, para que o toque seja agradável e relaxante.

Método Integrado de Massagem
É incalculável como pode ser valioso o simples contato de pele entre mãe e filho. Por isso, criamos o Método Integrado de Massagem Natura Mamãe e Bebê, que incorpora as surpreendentes possibilidades que o toque oferece no fortalecimento do vínculo entre mãe e filho.

Informe-se com sua Consultora Natura como obter gratuitamente este Método.

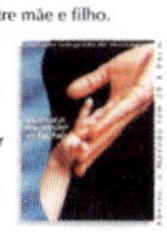

natura

A Natura vai até você.
0800.115566

natura
Que mundo vamos deixar
para nossos filhos?

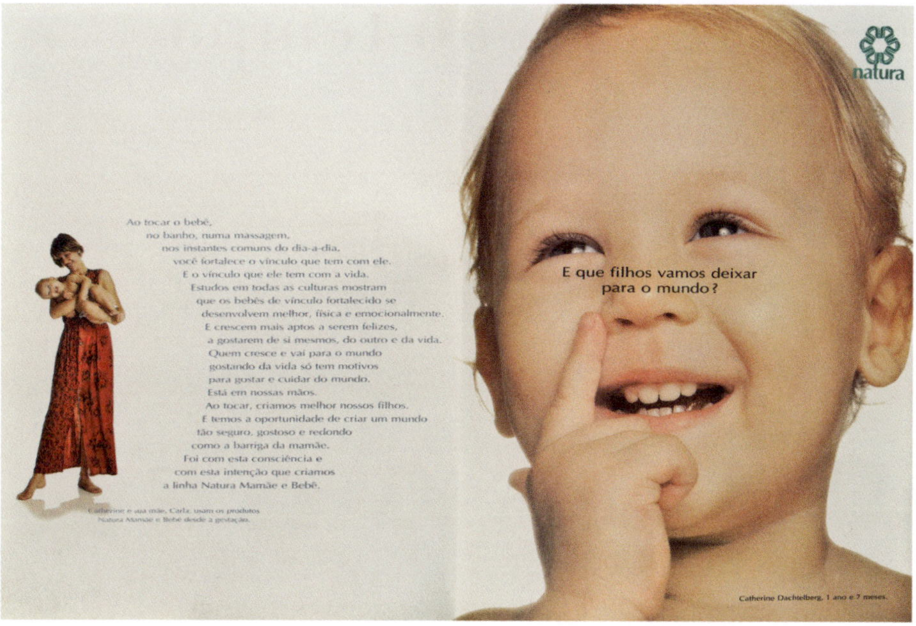
natura
E que filhos vamos deixar
para o mundo?
Ao tocar o bebê,
no banho, numa massagem,
nos instantes comuns do dia-a-dia,
você fortalece o vínculo que tem com ele.
E o vínculo que ele tem com a vida.
Estudos em todas as culturas mostram
que os bebês de vínculo fortalecido se
desenvolvem melhor, física e emocionalmente.
E crescem mais aptos a serem felizes,
a gostarem de si mesmos, do outro e da vida.
Quem cresce e vai para o mundo
gostando da vida só tem motivos
para gostar e cuidar do mundo.
Está em nossas mãos.
Ao tocar, criamos melhor nossos filhos.
E temos a oportunidade de criar um mundo
tão seguro, gostoso e redondo
como a barriga da mamãe.
Foi com esta consciência e
com esta intenção que criamos
a linha Natura Mamãe e Bebê.
Catherine e sua mãe, Carla, usam os produtos
Natura Mamãe e Bebê desde a gestação.
Catherine Dachtelberg, 1 ano e 7 meses.

A única linha com produtos
para gestante e bebê.
Formulações sem álcool
ou corantes, para respeitar a pele
e o olfato sensíveis do bebê.
Embalagens em material atóxico,
com tampas invioláveis.
natura
mamãe
e bebê
A linha Natura Mamãe e Bebê foi criada para proteger o universo mãe e filho.
Os ingredientes, a textura, a fragrância, as cores, a forma e a função dos produtos
se integram para respeitar o momento dos cuidados e do massageamento.
É claro que você não precisa usar nenhum desses produtos para ter uma relação
feliz com seu filho. Os produtos Natura Mamãe e Bebê são apenas uma ajuda.
E quem já criou um filho sabe que toda ajuda é sempre muito bem-vinda.
Natura Mamãe e Bebê. Há vida em suas mãos.
O Método Integrado de Massagem Natura
Mamãe e Bebê incorpora as surpreendentes
possibilidades que o tocar oferece para
fortalecer a relação entre mãe e filho.
A Consultora Natura
vai até você.
0800-115566
Ligue grátis.

Tempo ao tempo

A mulher bonita de verdade
tem orgulho de sua idade.
natura
verdade em cosmética
Chronos é o anti-sinais com a fórmula mais equilibrada para sua pele:
Ácido Glicólico +
Ácidos de Frutas,
uma exclusiva combinação que ativa a renovação celular na superfície da pele.
+ Vitamina A Palmitato,
que acelera a renovação celular em profundidade.
+ Ceramidas,
o mais avançado conceito em hidratação: reduz a perda natural de umidade.
+ Vitamina E
+ Glutation + FPS 4,
que combatem a ação dos Radicais Livres.
Experimente Chronos Gel Creme +.
E dê mais vida para sua pele.
vai até você.
0800-115566
Ligue grátis.
CHRONOS
O ANTI-SINAIS QUE NÃO PARA NO TEMPO.

natura
Anúncios com meninas de 20 anos.
Isso devia ser proibido para cosméticos anti-sinais.

natura
Chronos C. Em um único produto, tudo para sua pele:
firmeza (vitamina C pura de ação progressiva), diminuição de rugas (retinol), luminosidade (alpha-hidróxi ácidos de 4ª geração), hidratação (ceramidas) e proteção (vitamina E, glutation e filtros solares).
Um só produto para dia e noite. E o único com uma fórmula específica para cada fase da vida.
CHRONOS. O ANTI-SINAIS QUE NÃO PÁRA NO TEMPO.
"Eu nunca menti minha idade. Pra quê?
A quem eu vou estar enganando? A mim??
Eu tenho orgulho da idade que tenho."
Elizabeth Monteiro, 48, psicóloga.
A Consultora Natura
vai até você.
0800-115566
Ligue grátis.

natura
verdade em
cosmética
Chronos C. Em um único produto, tudo para sua pele:
firmeza (vitamina C pura de ação progressiva), diminuição de rugas (retinol), luminosidade (alpha-hidróxi ácidos de 4ª geração), hidratação (ceramidas) e proteção (vitamina E, glutation e filtros solares).
Um só produto para dia e noite. E o único com uma fórmula específica para cada fase da vida.
CHRONOS. O ANTI-SINAIS QUE NÃO PÁRA NO TEMPO.
"Não importa a idade: quando você se gosta e se sente
bonita, consegue que os outros te percebam bonita."
Beatriz Forte, 38, empresária.
A Consultora Natura
vai até você.
0800-115566
Ligue grátis.

Conto de fadas

A Disney
faz o seu Natal ficar
na memória.
Walt Disney
A Nova Onda do Imperador
Tigrão de pelúcia
Breve nos cinemas
Livros 102 Dálmatas
Toy Story 2
Lancheira 102 Dálmatas
Toy Story 2 em vídeo
Pooh de pelúcia
Fantasia 2000
Breve nos cinemas
Fantasia 2000 em vídeo
Breve nos cinemas
Eles estão de volta.
Brinquedo Mickey
Toy Story 2 em vídeo
102 Dálmatas
Somente nos cinemas
Walt Disney World Resort
Feliz 2001
Somente nos cinemas
Férias inesquecíveis
Fantasia 2000 em vídeo

Consciência leve

O que você faria com alguns quilos a menos?
Fale com seu médico.
Roche

Roche
Inovando em saúde
E você, o que faria com alguns quilos a menos?
www.roche.com.br
Fale com seu médico.

Roche
Inovando em saúde
E você, o que faria com alguns quilos a menos?
www.roche.com.br
Fale com seu médico.

Roche
Inovando em saúde
E você, o que faria com alguns quilos a menos?
www.roche.com.br
Fale com seu médico.

Roche
Inovando em saúde
E você, o que faria com alguns quilos a menos?
www.roche.com.br
Fale com seu médico.

Chefe e *chef*

A conversa chegou à cozinha.
Convide os amigos para jantar na sua casa. Crie um cardápio e aproveite: jantar entre amigos é sempre delicioso. E não só pela comida. Estar junto, conversar, dar boas risadas é tão importante quanto o prato principal. Convide os amigos e, claro, conte com a Bosch. A marca que une design, inovação e performance para você ganhar tempo para o que de fato importa: você e seus amigos. E então, vamos marcar o jantar? www.boscheletrodomesticos.com.br – SAC 0800-7020050
BOSCH
Tecnologia para a vida

As festas acabavam na cozinha.
Hoje em dia, elas começam.
Convide os amigos para jantar na sua casa. Crie um cardápio e aproveite: jantar entre amigos é sempre delicioso. E não só pela comida. Estar junto, conversar, dar boas risadas é tão importante quanto o prato principal. Convide os amigos e, claro, conte com a Bosch. A marca que une design, inovação e performance para você ganhar tempo para o que de fato importa: você e seus amigos. E então, vamos marcar o jantar? www.boscheletrodomesticos.com.br – SAC 0800-7020050
BOSCH
Tecnologia para a vida

A cozinha é o coração de uma casa.
Quer lugar melhos para os amigos?
Convide os amigos para jantar na sua casa. Crie um cardápio e aproveite: jantar entre amigos é sempre delicioso. E não só pela comida. Estar junto, conversar, dar boas risadas é tão importante quanto o prato principal. Convide os amigos e, claro, conte com a Bosch. A marca que une design, inovação e performance para você ganhar tempo para o que de fato importa: você e seus amigos. E então: vamos marcar o jantar? www.boscheletrodomesticos.com.br – SAC 0800-7020050
BOSCH
Tecnologia para a vida

De segunda a sexta, chefe.
No final de semana, chef.
Convide os amigos para jantar na sua casa. Crie um cardápio e aproveite: jantar entre amigos é sempre delicioso. E não só pela comida. Estar junto, conversar, dar boas risadas é tão importante quanto o prato principal. Convide os amigos e, claro, conte com a Bosch. A marca que une design, inovação e performance para você ganhar tempo para o que de fato importa: você e seus amigos. E então: vamos marcar o jantar? www.boscheletrodomesticos.com.br – SAC 0800-7020050
BOSCH
Tecnologia para a vida

Vida a dois

Renata e Yuri,
juntos há 7 anos.

Pablo e Ana Maria,
juntos há 6 anos.

Márcia e Flavio,
juntos há 16 anos.

www.continental.com.br
Continental
É resistente. E irresistível.
Escolher com cuidado para não precisar trocar.
Isso funciona com marido e também com fogão.
A Continental faz fogões que duram desde o tempo em que a maioria dos casamentos também durava.
Justamente por isso, fazemos sucesso há mais de 50 anos. Viu como até nossa marca é a mais durável?

www.continental.com.br
Continental
É resistente. E irresistível.
Pablo e Ana Maria Damasceno,
juntos há 6 anos.
O fogão que dura
desde o tempo em que a
maioria dos casamentos
também durava.

Continental
É resistente. E irresistível.
Algumas coisas até
podem ser descartáveis.
Agora, marido e fogão
é outra história, né?
www.continental.com.br

Continental
É resistente. É irresistível.
Fogão é igual a casamento.
Só com o tempo você conhece
os que são bons de verdade.
Alex e Roberta Calabria,
juntos há 15 anos.
www.continental.com.br

Continental
É resistente. É irresistível.
Cuidado para não
comprar um fogão que acabe
antes da lua-de-mel.
Ivan e Débora Berger,
juntos há 6 anos.

Anonimato e fama

EDITORA Abril
Contigo! A revista que conta.
contigo!
Novo formato!
Novo projeto gráfico!
Novas seções!

EDITORA Abril
Contigo! A revista que conta.
contigo!
Novo formato!
Novo projeto gráfico!
Novas seções!

Créditos

Por tornar a narrativa confusa ou extensa demais, por vezes me foi impossível nomear todas as pessoas decisivas em cada projeto – ou de precisar a exata importância de cada uma e de cada contribuição.

Dou a seguir os créditos devidos e agradeço a cada uma dessas pessoas. Este livro, de muitas formas, é delas também.

Aproveito para me desculpar por prováveis esquecimentos. São muitas pessoas, e muitos anos e acontecimentos. A quem eu não me lembrei de citar, peço perdão e agradeço da mesma forma.

Se você me permite, leitor, aproveito para dar também créditos que vão muito além dos *cases* – porque sem essas pessoas e suas contribuições não existiria o livro, por não existir o autor.

Pelo *case* Natura

Na Guimarães, a Ricardo Guimarães, pelos ensinamentos que me levaram de redator-quase-júnior a vice-presidente; a José Alberto Moreira Ferreira, que, com o Ricardo, escreveu o primeiro texto da mulher bonita de verdade, me dando um ponto de partida e um norte; a Ciro Girard e Paulo Gozzi, mestres da arte e dupla para todas as horas – que foram muitas, noites adentro e finais de semana afora; a Jorge Marinhas e Vera Rosa, superdecisivos na produção, na mídia e no astral; a Marcia Sutter, sempre mágica; a Inês Agresti e Rosa Maria, pela paciência com um homem que não sabia nem o que era esfoliação.

Na Natura, a Luiz Seabra, pelos conceitos inspiradores e transformadores; a Guilherme Leal e Pedro Passos, pela confiança de que chegaríamos – "e ainda estamos a caminho";

a Marcelo Araujo, pela coragem, pela determinação e sobretudo pela amizade; a Valéria Camarero, por nos manter com os pés no chão, sem podar nossas asas; a Bethinha Pereira, por ser nossa luz nos dois projetos.

Nas produtoras, a André Andrade, parceiro-salvador; a Walter Salles, pela mensagem encorajadora; a Andrucha Waddington, por colocar a alma em meu primeiro filme na agência; a Willy Biondani, por descobrir com a gente tantos caminhos; a Zezinho Mutarelli, por trazer à equipe sempre tanta harmonia.

Pelo *case* Roche

Na Pátria, a Marcelo Tescaro, a eminência clara e clareadora de sempre; a Rogério Zé Ferreira, que nos trouxe mais que um cliente, trouxe um presente; a Toco Monteleone, que mesmo sem trabalhar na agência foi decisivo – e parceiro não só conosco.

Na Roche, a André Rey, o humanista mais competente e o competente mais humanista que já conheci; a Miriam Fukuoka, pelas observações determinadas e determinantes; a João Carlos Ferreira, pela confiança desde o início.

Nas produtoras, a Paulo Dantas e a Marcia Sutter, pela luz, pela câmera e pela ação.

Pelos *cases* Bosch e Continental

Na Pátria, a Fábio Cardoso e Alberto Nagy, por insistirem com obstinação em tudo; a Silvana Karam Pregelj, pelo mesmo motivo, entre tantos outros; a Flavia Reis, Daniela Mercadante e Camila Bombana, por olharem por nós.

Na Bosch, a Olivier Rothmann, por nos escolher; a Antonio Madaleno, por nos acolher e orientar; a Lia Halland Valente, por nos indicar e recomendar; a Mauro Corrêa, por nos adotar, nos apoiar e nos aplaudir, sempre que merecemos.

Na Editora Abril, a toda a equipe das revistas femininas populares pela entrega; e a Kaike Nanne, grande maestro, repórter e amigo.

Nas produtoras, a Marcos Araujo, Maurício Guimarães e Luciano Zuffo, parceiros de primeira hora; a Manolo Moran, pela confiança em nós.

Pelo *case Contigo*

Na Pátria, a Marcelo Tescaro, que ajudou a criar até mesmo a oportunidade.

Na Editora Abril, a Andrés Bruzzone, por inspirar homens e sonhos – e sonhos não envelhecem; a Edson Rossi, por ser inoxidável, de corpo e alma; a Mariane Ortiz, por ser a mãe de tantos homens; a Simone Sousa, por espalhar confiança e tranquilidade; a Daniela Ota, por rir e nos fazer rir, por mais difícil que fosse a hora.

Nas produtoras, a Willy Biondani, pelos instantâneos e pelos instantes; a Andrucha Waddington, que consegue ser brilhante até quando não filma, pela ajuda, uma das maiores e certamente a mais desinteressada que recebi em 25 anos de carreira; a Fernanda Montenegro e Fernanda Torres, que com um "sim" mudaram a história de vários personagens.

Pela Pátria

Por ordem de chegada, a todos os clientes que nos escolheram ao longo de nossa primeira década, que comemoramos no mês em que este livro vai ao prelo: Natura, Roche, Bosch, Continental, Editora Abril (*Contigo*, *Nova*, *Ana Maria*, *Minha Novela*, *Tititi*, *Viva +*, *Faça e Venda*), Expand, WTC, Comgás, Meio & Mensagem, CSN, Omint, FNQ – Fundação Nacional da Qualidade, Shopping West Plaza, Playcenter, Hospital Sírio-Libanês, Colégio Bandeirantes, Embraer, HTC, BandTec, Jequiti, HDI Seguros, Invel, Racco, Oceanic, Instituto Criar e Sossego.

A Paulo Gozzi, Jorge Marinhas e Antonio Toledano, por serem grandes sócios, sempre.

A Marcelo Tescaro, Fábio Cardoso, Jorge Ferreira, Silvana Karam Pregelj, Alberto Nagy, Luiz Alfaya e Rodrigo Mauger, por terem sido sempre grandes.

A todos os que trabalharam tanto para que essas e tantas outras campanhas existissem: Alessandra Rodrigues, Anália Domingues, Camila Bombana, Camila Prado, Carlos Martins, Christiane Araujo, Ciro Hardt, Cristina Alvarez, Daniela Mendes, Daniela Mercadante, Daniela Pachoalim, Danielle Bacha, Diogo Abdalla, Endy Santana, Ernane dos Santos, Fabiana de Oliveira, Fabiana Varella, Fernanda Loureiro, Flavia Reis, Flavia Cruz, Gabriella Fabbro, Gladston de Oliveira, Gladys Esher, Herbert Tonon, Humberto Garrido, Joana Nóbrega, Juliana Coelho, Juliana de Souza, Juliana Silvestre, Jura Gonçalves, Kátia Soares, Liana Poiane, Louise Pinheiro, Luísa Vissotto, Mari Vega, Maria Irene Incaó, Marisa Romero,

Mayra Di Giorgio, Milena de Oliveira, Odenir Trevisani, Patrick da Palma, Paula Zebrak, Peter Lau, Priscila Bastreghi, Renato Bacalhau, Ricardo Silva, Ricardo Barne, Rogerio Zé Ferreira, Rosana Barros, Sandro do Nascimento, Sérgio de Souza, Silvia Amorim, Ubirajara Rodrigues, Valéria Prandato e Vânia Ribeiro.

A Alberto Cerqueira Lima, por tantas orientações valiosas e ajudas valorosas.

A Arnaldo Pappalardo, pelo generoso talento.

Por este livro

A Ana Paula Cortat e Marlene Bregmann, por terem feito as primeiras observações que resultaram nesta obra; (apenas inverti a ordem dos dois nomes, Ana vem antes)

A Andréia Ciaffone, por voltar a fazer a mesma observação no momento em que eu a precisava ouvir novamente;

A José Ernesto Beni Bologna, que me deu o incentivo final para o escrever, dentre tantos outros, sempre decisivos;

A Alice Ferraz, Carol Quinteiro, Ciça Nascimento, Carol Chichetti e Carol Lopez, por verem por mim;

A Helô Spolverini, pela amizade que não se perde no tempo e por me apresentar ao Paulo Tadeu; e ao Paulo Tadeu, da Matrix Editora, por me orientar em mais este novo caminho.

Pelo amor

À minha mulher Cecília Duarte, pelo passado, pelo presente e pelo futuro.

Pelas descobertas

A minhas meninas Gabriela e Beatriz, que me tornaram um homem melhor, desde que vi cada uma pela primeira vez.

Pela vida

A meu pai, Evaldo, muito amado, sempre.
A meu segundo pai, Roberto, ainda hoje muito amado.

Pelo que relacionei acima, pelo que mais houver

À minha mãe, Mariza – este livro não seria possível se ela não tivesse me ensinado tudo, até a escrever.

Sobre o autor

Ricardo Lordes nasceu em São Paulo.

Cursou o ensino médio na Escola Preparatória de Cadetes do Exército (EsPCEx), em Campinas, SP. Em seguida, foi transferido para a Academia Militar das Agulhas Negras (AMAN), em Resende, RJ, instituição que forma os oficiais do Exército.

Depois disso, estudou na Escola de Comunicação e Artes da Universidade de São Paulo (ECA-USP) e na Escola Superior de Propaganda e Marketing (ESPM), pela qual graduou-se em Publicidade.

Enquanto cursava a faculdade, atuou como crítico literário no Caderno 2, do jornal *O Estado de S. Paulo*.

Começou a trabalhar em publicidade no departamento de *merchandising* em TV da Progress, agência que atendia a conta da Antarctica.

A seguir, passou pelas agências Escriptório Central, Salles-Interamericana, Agnelo Pacheco, RSVP e Guimarães, da qual foi redator, diretor e vice-presidente de Criação.

Em 2002, fundou a agência Pátria.

Ao longo de sua carreira, atendeu clientes como Natura, Bradesco, Arezzo, Reebok, Instituto Ethos, Editora Abril, Comgás, Riachuelo, WebMotors, TVA, Roche, Embraer, Bosch, Yázigi, CSN, Meio & Mensagem, Omint, Disney, O Estado de S. Paulo, HTC, HDI Seguros, Hospital Sírio-Libanês, Colégio Bandeirantes, Visa e Instituto Criar, entre outros.

É casado com a também publicitária Cecília Duarte e pai das meninas Gabriela e Beatriz.

É sagitariano do dia 17 de dezembro de 1965.

E são-paulino desde a mesma data.

Ao leitor

Gostou do livro? Escreva para o autor.
Não gostou? Aí você tem mais é que escrever.
Escreva também se tiver alguma sugestão.
Anote o e-mail: opiniao@patria.ppg.br
O autor promete responder.

Visite nosso site e conheça estes e outros lançamentos

www.matrixeditora.com.br

Não comi, não rezei, mas me amei

Gisela Rao

Autoestima é como tanque de combustível do carro. Se a gente não presta atenção no nível, se não se abastece de atenção, de carinho, de coisas boas, ela acaba. E deixa a gente perdida nessa longa estrada da vida. Por isso é bom estar sempre de olho. A divertida autora Gisela Rao se propôs a vigiar a própria autoestima por 365 dias, e seu relato é uma inspiração para o nosso dia a dia. Sem moralismos, sem soluções mágicas, mas com muita inteligência e bom humor, esta obra vai fazer você repensar seu modo de ser e de enxergar o mundo.

Medicina da felicidade

Dr. Marcelo Schafranski

Neste livro, um médico mostra o que a ciência compreende por felicidade e quais são as evidências científicas que fundamentam os melhores caminhos para se chegar a ela. Dinheiro traz felicidade? Ser religioso pode fazer de você uma pessoa mais feliz? Ser mais atraente torna a mulher feliz? A segunda-feira é realmente um dia triste? Ser feliz pode ser considerado uma doença? Você vai encontrar as respostas a essas e outras indagações, com base em estudos recentes da emergente Ciência da Felicidade.

Hoje é o dia mais feliz da sua vida

Elisa Stecca

Diz o ditado que uma imagem vale por mil palavras. Mas não existe imagem que seja tão forte quanto as palavras precisas, as que encorajam, as que mostram caminhos, aquelas que fazem pensar e mudar. Hoje é o dia mais feliz da sua vida, escrito por uma das mais talentosas designers do Brasil, é um livro feito com palavras motivadoras e imagens de rara beleza, que também têm muito a dizer. Uma obra inspiradora, feita para quem quer um dia a dia de mais felicidade.

Em busca da longevidade

Dra. Paula Cabral

O estilo de vida que você adotou para viver com saúde será realmente o ideal? Como explicar que certas pessoas que não se cuidam direito acabam tendo qualidade de vida melhor do que outras que seguem certos padrões tidos como corretos? Este livro vai fazer você rever diversos conceitos de vida.

MATRIX